地理科学变革性研究界定委员会
地理科学委员会
地球科学和资源委员会
地球和生命研究部
美国国家科学院、工程院和医学院

促进地理科学的变革性研究

程昌秀　高培超　宋长青　译
　　　　宋长青　校

**Fostering Transformative Research
in the Geographical Sciences**

Committee on Identifying Transformative Research in the Geographical Sciences
Geographical Sciences Committee
Board on Earth Sciences and Resources
Division on Earth and Life Studies
National Academies of Sciences, Engineering, and Medicine

This is a translation of

Fostering Transformative Research in the Geographical Sciences

National Academies of Sciences, Engineering, and Medicine

Division on Earth and Life Studies

Board on Earth Sciences and Resources

Geographical Sciences Committee

Committee on Identifying Transformative Research in the Geographical Sciences

© 2019 National Academy of Sciences

First published in English by National Academies Press

All rights reserved

(中文版经授权，根据 The National Academies Press 2019 年平装本译出)

美国国家科学院、工程院和医学院

根据林肯总统签署的国会法案，国家科学院成立于 1863 年，是一个为国家提供与科学和技术有关建议的民间非政府机构。成员为同行遴选出的对研究有杰出贡献的人员。院长是马西娅·麦克努特博士（Dr. Marcia McNutt）。

国家工程院于 1964 年根据国家科学院的章程成立，旨在为国家提供工程实践方面的建议。成员为同行遴选出的对工程有杰出贡献的人员。院长是 C. D. 莫特博士（Dr. C. D. Mote）。

国家医学院（原医学研究所）于 1970 年根据国家科学院的章程成立，旨在为国家提供医疗和健康问题方面的咨询。成员为同行遴选的对医学和健康有杰出贡献的人员。院长是维克托·J. 德佐博士（Dr. Victor J. Dzau）。

国家科学院、工程院和医学院共同为国家提供独立、客观的分析及建议，并开展一些解决复杂问题和为公共政策决策提供信息的活动。国家科学院还鼓励教育和研究，界定对知识的杰出贡献，并提高公众对科学、工程和医学问题的理解。

了解更多关于国家科学院、工程院和医学院，可关注 www.nationalacademies.org。

美国国家科学院、工程院和医学院

美国国家科学院、工程院和医学院出版的共识研究报告（*Consensus Study Reports*）记录了由授权专家委员会编写的关于研究任务陈述的循证共识。报告通常包括根据委员会收集的信息和委员会审议情况得出的发现、结论与建议。每份报告都经过严格和独立的同行审查程序，代表了国家科学院对任务说明的立场。

美国国家科学院、工程院和医学院出版的院刊（*Proceedings*）记录了国家科学院召集的研习会、研讨会或其他活动的演讲和讨论。院刊中包含的陈述和意见是与会者的陈述和意见，不一定得到了其他参与者、计划委员会或国家各学院的赞同。

有关国家科学院其他产品和活动的信息，请访问 www.nationalacademies.org/about/whatwedo。

地理科学变革性研究界定委员会

迈克尔·F. 古德柴尔德（Michael F. Goodchild），主席，加州大学
　　圣巴巴拉分校校长（名誉教授）
艾米·K. 格拉斯迈尔（Amy K. Glasmeier），麻省理工学院（剑桥）
格伦·M. 麦克唐纳（Glen M. MacDonald），加州大学洛杉矶分校

员工
马克·D. 兰格（Mark D. Lange），研究主任
伊丽莎白·A. 艾德（Elizabeth A. Eide），高级董事
尼古拉斯·D. 罗杰斯（Nicholas D. Rogers），财务和研究助理
埃里克·J. 埃德金（Eric J. Edkin），高级项目助理
（人员和单位信息截至 2015 年）

地理科学委员会

威廉·L. 格拉夫（William L. Graf），主席，南卡罗来纳大学哥伦比亚分校

卡罗尔·P. 哈登（Carol P. Harden），副主席，田纳西大学诺克斯维尔分校

安东尼·贝宾顿（Anthony Bebbington），克拉克大学（伍斯特）

约翰·A. 凯尔梅利斯（John A. Kelmelis），宾夕法尼亚州立大学公园分校

苏珊娜·C. 莫瑟（Susanne C. Moser），加州圣克鲁兹苏珊娜·莫瑟研究与咨询所

戴维·R. 雷恩（David R. Rain），乔治华盛顿大学（华盛顿特区）

员工

马克·D. 兰格（Mark D. Lange），项目干事

尼古拉斯·D. 罗杰斯（Nicholas D. Rogers），财务和研究助理

埃里克·J. 埃德金（Eric J. Edkin），高级项目助理

（人员和单位信息截至2015年）

地球科学和资源委员会

伊萨贝尔·P. 蒙塔涅斯（Isabel P. Montañez），主席，加州大学戴维斯分校

埃斯特拉·A. 阿泰瓦纳（Estella A. Atekwana），特拉华大学（纽瓦克）

布伦达·B. 博文（Brenda B. Bowen），犹他大学（盐湖城）

克里斯多夫·（斯科特）卡梅隆（Christopher (Scott) Cameron），地质咨询有限责任公司（休斯敦，得州）

内利亚·W. 邓巴（Nelia W. Dunbar），新墨西哥州地质和矿产资源局（索科罗，新墨西哥州）

罗德尼·C. 尤因（Rodney C. Ewing，NAE），斯坦福大学（加州）

卡罗尔·P. 哈登（Carol P. Harden），田纳西大学诺克斯维尔分校

索恩·莱（Thorne Lay，NAS），加州大学圣克鲁兹分校

罗伯特·L. 克莱因伯格（Robert L. Kleinberg，NAE），马萨诸塞州波士顿大学可持续能源研究所

泽尔马·缅因-杰克逊（Zelma Maine-Jackson），华盛顿州生态部（里奇兰）

迈克尔·曼加（Michael Manga，NAS），加州大学伯克利分校

马丁·W. 麦卡恩（Martin W. McCann），斯坦福大学（帕罗奥多，加州）

杰弗里·N. 鲁宾（Jeffrey N. Rubin），图拉廷谷消防救援（蒂加德，俄勒冈州）

詹姆斯·A. 斯卢茨（James A. Slutz），国家石油委员会（华盛顿哥伦比亚特区）

王少文（Shaowen Wang），伊利诺伊大学厄巴纳—香槟分校

伊丽莎白·J. 威尔逊（Elizabeth J. Wilson），达特茅斯学院（汉诺威，新罕布什尔州）

员工

伊丽莎白·A. 艾德（Elizabeth A. Eide），主任

安妮·M. 林恩（Anne M. Linn），学者

德博拉·格利克森（Deborah Glickson），高级项目干事

萨曼塔·L. 马基诺（Sammantha L. Magsino），高级项目干事

尼古拉斯·D. 罗杰斯（Nicholas D. Rogers），财务助理

考特尼·R. 德瓦内（Courtney R. Devane），行政协调员

埃里克·J. 埃德金（Eric J. Edkin），项目协调员

卡莉·布罗迪（Carly Brody），高级项目助理

雷蒙德·（雷米）查帕佩塔（Raymond（Remy）Chappetta），高级项目助理

（人员和单位信息截至 2019 年）

致　　谢

这份共识研究报告是由个人根据自己的不同方向和技术专长写成草稿，再经评审而成。独立评审的目的是提供坦率和批评性的评论，以协助国家科学院、工程院和医学院，使每一份已出版的报告尽可能完善，并确保该报告符合机构对质量、客观、有据的标准以及对经费负责。为了保护审议过程的诚信，本报告的评审意见和手稿草案是保密的。

感谢下列各位对本报告的评审：

安德鲁·巴泽莫尔（Andrew Bazemore），乔治敦大学
威廉·A. V. 克拉克（William A. V. Clark），加州大学洛杉矶分校
珍妮特·弗兰克林（Janet Franklin），亚利桑那州立大学
艾利森·格雷纳（Alyson Greiner），俄克拉荷马州立大学
E. D. 哈克特（E. D. Hackett），亚利桑那州立大学
约翰·库夫帕（John Kufpar），南卡罗来纳大学
约翰·汤森德（John Townshend），马里兰大学公园分校
袁枚（May Yuan），得克萨斯大学达拉斯分校

虽然上述评审人提出了许多建设性的意见和建议，但没有要求他们赞同本报告的结论或建议，他们也没有看到本报告发布前的最后草案。本报告的评审由范德比尔特大学的乔治·M. 霍恩伯格

（George M. Hornberger）和明尼苏达大学的罗伯特·B. 麦克马斯特（Robert B. McMaster）监督。他们负责确认独立审查的报告是否根据国家科学院的标准执行，以及是否仔细考虑了所有的评审意见。最终内容由编写委员会和国家科学院完全负责。

目　　录

概要 ……………………………………………………………… 001
 一、地理科学领域当前的变革性创新 …………………… 003
 二、当前背景 ……………………………………………… 004
 三、促进变革性研究 ……………………………………… 005
 四、结论 …………………………………………………… 008
第一章　什么是变革性研究？ ………………………………… 011
 一、变革性研究的定义 …………………………………… 012
 二、相关术语的定义 ……………………………………… 013
 三、资助项目 ……………………………………………… 014
 四、项目评估 ……………………………………………… 016
 五、委员会的做法 ………………………………………… 018
第二章　地理科学近期的变革性创新 ………………………… 021
 一、变革性研究与创新扩散中的一般模型 ……………… 021
 二、案例研究：发明与早期创新 ………………………… 026
 三、案例研究：传播与发展 ……………………………… 040
 四、结论 …………………………………………………… 046
第三章　当前背景 ……………………………………………… 053
 一、美国知识生产体系：50 年之作 ……………………… 055
 二、研发经费水平下降 …………………………………… 056
 三、大学生人口结构的变化 ……………………………… 062
 四、研发与高等教育在全球市场的竞争 ………………… 064

五、变革性研究的作用 ………………………………………… 066
第四章　促进变革性研究 ……………………………………… 071
　　一、教育领域的倡议 …………………………………………… 072
　　二、研究文化 …………………………………………………… 076
　　三、职业发展 …………………………………………………… 079
　　四、资助实践 …………………………………………………… 081
　　五、结论 ………………………………………………………… 084
参考文献 ………………………………………………………… 087
附录 A：缩略语 ………………………………………………… 101
附录 B：贡献者 ………………………………………………… 105
附录 C：研讨会议程 …………………………………………… 107
附录 D：在线调查问卷 ………………………………………… 111
附录 E：委员会和工作人员简历 ……………………………… 113

概　　要

　　所有研究的核心目的都是创造新知识。地理科学的目标是发现地球上空间、地点、人类和非人类的特征及其过程之间相互关系的新知识。然而，有些地理研究超越了这些朴素目标，为后续研究创造了新机会，或更广泛地影响了知识获取的过程，或改变了某领域一些研究者对世界的看法。在这种情况下，研究能改变一个领域。从积极的视角来看，变革性研究比传统研究具有更大的内在价值，且相关资助机构也认为变革性研究应该通过一些特别计划得到鼓励和资助。对变革性研究资助项目的评估很少，且对其有效性的评估好坏参半。本报告编撰委员会面临的挑战和核心问题是：变革性研究能否在其提出阶段就被明确地界定出来，而不是在进行、传播或对该学科的影响已经变得清晰后才被界定出来。

　　界定变革性研究的复杂性在于：变革性研究（或"高风险、高回报"研究）不存在也不大可能在不久的将来出现单一的定义。与这类研究最相关的定义也许是美国国家科学委员会（National Science Board，NSB）的定义：

　　　　变革性研究涉及从根本上改变我们理解重要的科学或工程概念、教育方法的思想、方法或工具，或意味着会创建新的科学、工程、教育的范式或领域。此类研究挑战了当前的理解或提供通向新研究前沿的路径（NSB，2007，p. v）。

该定义不仅提及变革性研究的结果（例如发现、创造新范式或新科学领域），而且还提及变革性研究的投入（例如使用的工具）。变革的内容可以包括目前的理解、现有的概念或既定的做法。

应美国国家科学基金会（National Science Foundation，NSF）的请求，美国国家研究委员会（National Research Council，NRC）设立了一个委员会，深入了解过去地理科学的变革性研究是如何演变的，以便今后能够鼓励这种研究。这项职责要求委员会采取历史性研究法，即回顾变革性研究过去如何产生，它的早期标志是什么，以及如何在未来培育它（完整的任务说明见第一章的专栏1-1）。为了履行上述职责，委员会从广大地理科学和附属学科的交叉部门收集信息，以及通过研讨会、在线调查问卷和文献综述的方式，收集研究成果评估专家的相关信息（有关贡献者的完整列表，请参见附录B）。

美国国家科学基金会是这项研究的主要推动者，其对地理科学的资助是以社会、行为与经济科学为主的地理和空间科学项目（Geography and Spatial Sciences program，简称"GSS项目"），故委员会以向美国国家科学基金会推荐GSS项目的形式表达研究结论，其中许多调查结果和建议应该都与一些其他机构、研究所和个人的工作有关。

委员会在制定促进变革性研究的建议时采用了三段式方法。首先，委员会详细探讨了变革性研究的概念，审视了一些先进的定义、相关术语的定义，以及那些旨在激励、鼓励和促进变革性研究的资助项目；其次，审视了20世纪末和21世纪初因各种变革性激励在地理科学中出现的新研究方向的历史，审视了创新—传播一般模式的背景，考察了这些背景为研究创新者和成功传播思想方面提供的一般经验教训；最后，为了将历史考察的结果转化到现代背景中，委员会审视了美国国内当前的研究环境，特别是在资助情况方面，并与过去的美国以及当前世界的其他国家进行了对比分析。

一、地理科学领域当前的变革性创新

为了考察地理科学变革思想的发展和传播,委员会回顾了过去50年间地理研究中具有变革性的五大领域:政治生态学、空间社会理论(例如与地理相关的社会理论)、环境遥感、地理信息系统(geographic information system,GIS)与科学以及全球气候变化。常规创新传播概念的背景通常涉及发明者和早期创新者、思想来源以及促进变革性研究在地理科学内外广泛发展与传播的刺激因素。

在上述五大领域的案例研究中,后续的传播—发展是平行、互补的过程,并且得到了一些机制的推动。空间社会理论和政治生态学的传播特点是:研发者和早期采用者通过一系列讲习班、专题讨论会及正式研究小组进行面对面的会议与直接沟通,而不是与大型官方指导委员会或半常设政府机构进行沟通。在环境遥感以及地理信息系统领域,早期专题讨论会也很重要,其中一些专题讨论会已成为正式的、制度化、规模相当大的活动。这些领域还受益于研究资助和知识传播的大型国家项目。20世纪90年代初,关于地理信息系统仅仅是一种工具或技术,还是一套原则、知识和理论,引发了激烈的争论。这些争论有助于提高地理信息系统的知名度,并将其确立为一个重要的知识领域。全球气候变化研究则通过该学科以及多学科的各种期刊和书籍,甚至政府间气候变化专门委员会和美国全球变化研究机构定期高调发布的报告进行传播。其中许多出版物在大众媒体上引起了极大的关注,提高了公众的认识,并通过这种曝光吸引年轻人进入该研究领域。与地理信息系统类似,全球气候变化研究通过高调辩论实现了广泛传播。

此外,委员会在研究期间审视了上述案例,得出了以下总体调查发现。

发现 1:变革性创新产生自个人、团体以及各种来源,源于各式各样的思想（包括古老的和长期被忽视的想法），既可以是革命式的，也可能是进化式的。

发现 2：科学研究中开放的创新体系有利于群体（包括存在竞争关系的团体）之间的信息交流，且有助于国家、资助机构或基金会发现最快速、最高产、最高效的科研项目。

发现 3：促进创新者和采用者之间的快速沟通，对于发展与传播变革性创新至关重要。

发现 4：没有既定的指标可用来判断个体或概念能否成为变革性创新的来源。

委员会还注意到，虽然研究动机往往不是源自地理科学，但是地理科学已经发挥了关键作用，在某些情况下，地理学甚至占据了研究的主导地位。例如，崛起的政治生态倡导者跨越了思想、技术和社会需求领域，并且对其他学科产生了影响。

二、当前背景

委员会强调，时代背景对变革性研究的重要性远甚于创新的源泉。如果背景环境很重要，那么，未来地理科学变革的潜力就必须放到当前背景下来看。因此，委员会认为，美国研究企业目前面临四大挑战，而对变革性研究新的重视可能是对四大挑战的合理回应。

挑战 1：在短期内联邦研发资助水平有可能下降，或者最多保持不变。现有项目和机构对稀缺资源的竞争将不利于变革性创新的发展。

挑战 2：州级层面的研发资助水平在经过 30 年的增长后，如今已趋向稳定，甚至开始回落。

挑战 3：根据人口统计数据，近期接受本科教育的人口比例较小。而对研究生教育的热捧，则是大学生欠债、不景气的薪资水平以及不确定是否对深造继续投资之共同作用的结果。

挑战 4：为吸引研发投资，发展中国家正在建立能够培养熟练劳动力的教育系统，这已成为美国的研发体系和高等教育的竞争对手。

三、促进变革性研究

本报告采用五个案例研究来追溯地理科学转型的历史，讨论了当研究资助和高等教育面临前所未有的严峻挑战时，变革性研究对美国经济的至关重要性。该委员会还提出了促进地理科学变革性研究的想法和建议，特别是关于美国国家科学基金会的 GSS 项目（第四章）。下面将讨论这些建议。

1. 教育领域的倡议

建议 1：GSS 项目应审查其资助项目的设置，特别是应支持地理教育，培养那些获得奖项的学生进行变革性研究，激励那些在项目书中关注到这种创新性发展的负责人。

对于美国国家科学基金会等资助机构来说，奖励是培育变革性研究的机会，奖励可以产生变革性研究所需要的批判、创造和独立的思考。可鼓励研究者（学术带头人）（principal investigator，PI）在他们的项目申请书中涉及甚至强调相关事项，例如：

（1）该项目申请书所资助的学生将如何以及在何种程度上接触到变革性研究的概念？

（2）该项目申请书所资助的学生将如何以及在何种程度上鼓励批判地、创造地、独立地思考？

（3）学生将如何以及在多大程度上体会到地理科学中变革性研究的性质和影响？

（4）将如何以及在多大程度上鼓励具有其他学科背景的学生学

习和应用地理科学的视野来解决问题？

（5）将如何以及在多大程度上鼓励具有地理科学背景的学生学习和应用其他学科的视野来解决问题？

（6）将如何以及在多大程度上鼓励具有地理科学背景的学生学习和应用地理科学的视野来解决其他学科的问题？

2. 研究文化

建议2：GSS项目应继续强调美国国家科学基金会"在受资助者中应扩大民族、年龄和性别的多样性"的政策及程序。

地理学是一种跨越传统学科边界进行合作的多学科文化。跨学科合作不仅是常见的，而且是被鼓励的，因为变革性的想法往往源于这种合作。尽管美国国家科学基金会在这方面做出了艰苦而长期的努力，但是地理学的研究团队离期望的合作与协作模式还有很长的路要走。尽管妇女，女同性恋者、男同性恋者、双性恋者和变性者（LGBT）群体，以及少数民族的研究者，可能会给地理学研究带来变革性的思想，但是他们在地理科学各领域仍然还有很大的差别。美国国家科学基金会可能会做更多的工作，鼓励跨种族、跨性别以及有经验的研究者与初任职研究者之间的合作。

建议3：为了促进变革性研究，GSS项目还应支持加强不同国家、不同学科、学术界、企业界、政府部门、军事部门以及情报界之间的研究合作。

目前，美国和欧洲研究者之间的合作很普遍，与中国研究者的合作正在逐步加强，但是与世界其他地区的合作仍然受到语言和文化差异、旅行和通信问题、人身安全以及缺乏双（多）边供资项目等不利因素的影响。然而，这种合作可以极大地激励并带来一系列新的想法和观点。也可以多做些工作，促进与产业界、军方和情报界的互动。交换和实习项目可以提供更多的机会，接触新的和潜在的变革性想法。美国国家科学基金会也可以鼓励PI加强除欧洲和中国以外的国际交流与互动，并将这些团队的代表纳入咨询委员会、研讨会和网络研讨会中。

3. 职业发展

传统评估学术任命与职业提升候选人的方法，可能不适于变革性潜在人才的发现。最近，研究评估的过程已经越来越定量化（即通过使用现成的文献计量学），缺少来自同行的独立、详细和定性的评价。基于文献计量学的评价，可能会鼓励候选人将贡献分割给最不容易出版的单位，尽可能增加合著者的数量，并强调影响大的期刊，而不是通过最有可能的期刊将研究成果传达给最感兴趣的同行。提到近年来计算机科学领域最重要的进步之一（以其对社会的影响来衡量），美国国家研究委员会的报告《进一步推动美国研究企业》（*Furthering America's Research Enterprise*；NRC，2014，p.69）指出："在出版物首次出现的年代，文献计量学不会像拉里·佩奇（Larry Page）的谷歌搜索算法一样全面地统计引用信息。"

此外，职业发展实践可能强调个人活动性，而牺牲了团队的协作。那些与其他学科建立合作并受益于跨学科刺激与交流的初级学者，在当前以学科为中心的系统中，最终可能会受到惩罚。组织研讨会，建立同行网络，争取大量外部资金和奖励，都对促进变革性研究有重要贡献；然而，职业生涯初期是原创想法和发现潜力最高水平时期，但所有人都不愿意这样做。

正如发现4所述，迄今为止尚未发现能够预测个体产生变革性研究的可能的特征。因此，针对GSS项目为鼓励变革性研究希望寻找的个体特征，目前委员会没有给出任何建议。在目前缺乏扎实的辅助研究的情况下，委员会还是在第二章中回顾了一些共识的、可能有利于变革性研究的个体特征。

4. 资助实践

建议 4：为了更加支持变革性研究，GSS 项目应与美国国家科学基金会内外的团体广泛合作，探讨和评估分配研究经费与遴选研究项目的创新性方法。

委员会认为，强调增加变革性研究的压力源于"保守的审查提案"①"反对高风险、高回报的项目"的理念。因此，鼓励变革性研究的路径可能在于提案进程中的审查和修订。

四、结 论

虽然变革性研究没有单一、简洁和包罗万象的定义，但委员会的信息收集产生了两个不同的主题。一方面，变革性研究具有异常高、形式不一的价值或回报：为现有研究重新定向、形成新学科、促成新产业。第二章讨论的五个案例研究充分证明了在地理科学领域存在这种高价值或高回报。另一方面，变革性研究给资助机构带来了异常高的风险，因为其突破性研究的性质很难让研究人员将其可视化，或评议人很难对其进行评估。

面对这种两面性，理性的反应是最大限度降低风险、提高回报。委员会使用罗杰斯（Rogers）的创新扩散模型，讨论了可能有助于最大化回报的因素，例如，公开分享思想、迅速传播、打破体制障碍（包括学术界纪律孤岛）。委员会在地理科学领域以及美国国家科学基金会的 GSS 项目背景下扩展了这些想法，并提出了降低风险的建议。这些建议包括寻找更好的方法让年轻的地理科学家为变革性研究做好准备，确定如何使地理科学的研究文化更有利于变革性研究，解决阻碍变革性研究的职业发展过程中的问题，以及探索有利于资助变革性研究的申请书写作和评审方法。

---

① 即人们倾向于选择保守的研究提案。——译者注

这些建议都不能直接解决本报告中关于国家科学政策和绩效总体状况的问题。地理科学只是浩瀚研究领域中的一小部分，虽然近几十年来已经取得了巨大的进展，但在举国辩论本报告中所述的四大挑战时几乎被忽视。尽管如此，在地理科学的背景下，本报告提出了四项建议来应对这四大挑战。

国家和州研究经费的下降（挑战 1 和 2）可以"通过与私营部门建立更多的联系与项目，并与政府机构建立研究伙伴关系"来抵消部分影响（建议 3）。地理信息系统和环境遥感作为变革性科学，在学科过去的发展中是有效的，而且在将来可能同样有效，甚至是有必要的。促进开放和协作的创新发展与传播体系（建议 3），将有助于抵消因竞争大豆缺的研究资金而可能带来的严重影响（挑战 1 和 2）。在后期推广以及早期扩散阶段，鼓励变革性研究和有针对性的资金，可以最大限度地帮助政府提高投资的成功率并抵消资金总体的不足。专门针对学生进行变革性研究的培训（建议 1 和 2），将有助于确保更多受过高等教育的人有能力去推动地理科学的进步，并解决这类人群的数量将可能下降的影响以及抵抗来自其他国家学生的竞争日益激烈的问题（挑战 3 和 4）。提高学术界的多样性（建议 2）不仅有助于带来更广泛的视角，增加识别变革性研究的机会，还有助于增加受高等教育的学生人数（挑战 3）。此外，多样性的提高可以加强与国际研究团队的接触，并在创新和早期传播阶段交流思想。最后，新的提案审查办法（建议 4）有可能促进变革性研究，从而最终应对挑战 1、2 和 4。

第一章　什么是变革性研究？

无论是基础研究还是应用研究，所有研究的核心目的都是创造新知识。地理科学的目标是发现地球上空间、地点、人类和非人类的特征及其过程之间相互关系的新知识。有些地理研究超越了这些朴素目标，其影响远远超出了它们本身；有些研究则为后续研究创造了新机会，或更广泛地影响了知识获取的过程，或改变了一些研究者对世界的看法。在这种情况下，研究能够转变一个领域。因此，变革性研究的概念本身是自我参照的：通过正反馈过程，某项具体研究对领域的影响可能远超预期。

"变革"意味着存在要被转变的事物，并暗含了托马斯·库恩（Thomas Kuhn）的常规科学概念：科学是通过持续的、增量的知识积累而发展的稳定状态（Kuhn，1962）。变革性研究引入了一个库恩所谓的革命性科学阶段，在该阶段，常规科学被新的思想、技术或问题打断、破坏或转变。许多人认为库恩的两段模型过于简单，例如，意味着许多领域（甚至所有科学）都被这些变革性事件打断。尽管与所有模型一样，库恩的模型确实简化了一个更复杂的过程，但毫无疑问，由于各种变革性刺激，地理科学确实不时出现了新的研究方向。由于其积极的反馈和影响，变革性研究比传统研究具有更大的内在价值。

在本章中，委员会引用了明确鼓励和资助变革性研究的资助机构案例。本章详细探讨了变革性研究的概念和定义、相关术语的定义，以及那些旨在激励、鼓励和促进变革性研究的资助项目。故，本章为后续章节提供了基础背景。在第二章中，委员会聚焦于几个案例，指出了在过去变革性研究是如何发展的。第三章审视了美国国内当前的研究环境，特别是资助方面的情况，并将当前和过去，甚至和其他国家的情况进行了对比分析。在第三章中，委员会认为对变革性研究新的重视可能是对资助缩减和国际竞争加剧的合理回应。在第四章中，委员会提出了促进变革性研究的建议。

一、变革性研究的定义

2007年，美国国家科学委员会发布了《加强支持国家科学基金会变革性研究》（*Enhancing Support of Transformative Research at National Science Foundation*；NSB，2007）报告。在报告中，美国国家科学委员会采用了以下变革性研究的定义：

> 变革性研究涉及从根本上改变我们理解重要的科学或工程概念、教育方法的思想、方法或工具，或意味着会创建新的科学、工程、教育的范式或领域。此类研究挑战了当前的理解或提供通向新研究前沿的路径（NSB，2007，p. v）。

该定义不仅提及了变革性研究的结果（如发现、创造新范式或新科学领域），而且还提及了变革性研究的投入（如使用的工具）。值得注意的是，变革内容可以包括当前的理解、现有的概念或既定的做法。该定义很长，且多次用到"或"，试图尽可能具有包容性。

2012年，美国国家科学基金会资助了"变革性研究：道德和社会影响"研讨会（Frodeman and Holbrook，2012）。本报告的第三章定位于影响高等教育、研究企业、美国竞争力、研究资助水平和研究者之间基金竞争强度的主要发展趋势，阐述了美国变革性研究更广泛的背景及其当前的重要性。

英国经济和社会研究委员会（Economic and Social Research Council，ESRC），大致相当于美国国家科学基金会的社会、行为和经济科学理事会，对变革性研究做了如下定义："社会科学前沿的研究想法，使研究能够挑战当前的思维。我们认为变革性研究是涉及例如开拓性理论、方法创新……社会科学探索的创新发展……（或）风险因素。"

虽然该定义，特别是当这里是有选择地引述时，也许看起来更简洁，但人们应该注意到它是专门为社会科学领域构造的。如果将它应用于美国国家科学基金会的所有领域，甚至包括自然地理的地理科学领域，也许需要对其进行扩展。

二、相关术语的定义

变革性研究具有的内在风险性使其与其他几个密切相关的定义联系起来。美国国立卫生研究院（National Institutes of Health，NIH）认为变革性研究的特点是"高风险、高回报"（high-risk，high-reward，HRHR）。用美国国立卫生研究院院长弗朗西斯·柯林斯（Francis Collins）博士的话来说，"高风险研究不适合胆小的人。它适合那些用非常规方法设想和发展创新项目的无畏的研究者，如果成功，可能会给我们对健康问题和（或）生物机制的理解上带来巨大的飞跃。设想这样的项目需要勇气和创造力，且往往需要特殊的支持使其得以实现。顾名思义，失败的可能性很大"（Collins，2013）。欧洲研究理事会（European Research Council，ERC）更倾向于"前沿研究"（frontier research）一词，它"反映了对基础研究的新理解。一方面，它表明科学技术中的基础研究对经济和社会福利至关重要；另一方面，前沿的研究在本质上是风险投资，而且不存在学科界限"（ERC，2015）。

变革性研究不存在也不大可能在不久的将来出现单一的定义。美国国家科学委员会的变革性研究定义显然试图涵盖科学、技术、工程和数学（science，technology，engineering and mathematics，STEM）的所有领域，并包括推进研究工作的诸多方式。或许可以认为，缺少单一、简洁的定义是语言的失败，而不是定义问题本身（Lal and Wilson，2013）。

三、资助项目

早前讨论的美国国家科学委员会报告推荐了一个美国国家科学基金会内部的变革性研究项目，它"因其具有对主流范式的潜在影响和创造新的科学领域、发展新技术和开拓新前沿的潜力而与众不同"（NSB，2017，p. v）。随后，美国国家科学基金会设立了跨理事会的变革性跨学科创新研究奖（Creative Research Awards for Transformative Interdisciplinary Ventures，CREATIV）以及美国国家科学基金会联合支持推进的跨学科研究和教育（Integrated NSF Support Promoting Interdisciplinary Research and Education，INSPIRE）资助项目，旨在为变革性研究提供机会；此后，这两个项目已经颁发了几次奖励。

美国国立卫生研究院在"高风险、高回报"研究组合（portfolio）中设有四个奖项，分别是早期独立奖（Early Independence Award）、新颖创新者奖（New Innovator Award）、先锋奖（Pioneer Award）、变革性研究奖（Transformative Research Award）。每个奖项都使用了美国国立卫生研究院共同基金，因此，高于各个独立机构项目且都与项目负责人有关。变革性研究奖被描述为"专门为支持具有创造或推翻基本范式潜力的非凡创新的（或）非常规研究项目设立。这些项目往往具有内在风险且可能在传统的美国国立卫生研究院审查中表现不佳。与其他美国国立卫生研究院的奖项相比……变革性研究奖的首要重点是支持大胆的、涉及范式转换但未经检验的想法"。

"在传统的美国国立卫生研究院审查中表现不佳"这一说法表明了这种资助项目可能的动机，尤其是在考虑到传统的审查过程本质上是保守的，且倾向于常规科学而不是变革性科学。按此观点，审查人员倾向于对照传统方法评估申请，并可能无法界定新想法潜在的变革性。他们也许倾向于对缺乏可行性评估的申请做出负面反应。也许审查人员偶尔会忽略一个事实，即研究成果从本质上和定义上是不可知的。

支持变革性研究可能要求对审查过程采取新办法。例如，美国国家科学基金会的变革性跨学科创新研究奖计划，允许项目管理者在无须进行外部盲审的情况下，对价值不超过 100 万美元的申请做出决定，这一限额比美国国家科学基金会要求仅基于内部审查且至少涉及两个理事会的传统做法高出一个数量级。正处于第三个年度周期的英国经济和社会研究委员会的变革性研究呼吁是使用非常规审查机制的另一个例子。在学术专家小组初步评估之后，PI 被邀请在"同行宣讲"（Pitch to Peers）会议上展示他们的申请，此后不久就会做出资助决定。可以说，那些提交了自己变革性想法的同行可能能够更好地评估其他人的变革性想法。其他新颖的方法包括"沙箱"（sandbox）或"沙坑"（sandpit），即研究的新想法发生在研讨会环节中。在这些研讨会期间，想法被提出并在小组之间进行讨论，然后进行表决，以合理保证资助机构在无须进一步外部审查的情况下对申请者做出最终资助决定。

传统资助办法"全或无"（all-or-nothing）性质的另一种替代办法是所谓的渐进资助。具有良好前景想法的 PI 通过简化的审查过程首先获得小额种子基金。如果研究结果证明是有希望的，那么可以为第二个更大的资助阶段提出后续申请。保持小额的初始资助会最终减小资助的总体风险。

另外,欧洲研究理事会通过其常规项目获得对"前沿研究"的支持:"研究者可以通过欧洲研究理事会的资助竞争获取对研究人员驱动前沿研究的支持"(ERC,2015)。

对传统审查过程的任何修改都必须仔细考虑,避免其成为一个更精英式的、自上而下的、以牺牲更广泛社群为代价的资助模式。到目前为止,这类修订只涉及全部基金流相对较小的部分,且许多修订,例如"同行宣讲"通过引入更大规模的专家组,也许被认为比传统方法是更基于社群的。尽管如此,如果有证据表明变革性研究是以牺牲常规科学为代价,那么,资助机构肯定会受到来自其研究社群的阻力。

许多机构已经开展了为鼓励和支持各自领域的变革性及"高风险、高回报"研究的活动。这些机构包括美国国防部的高级研究计划局(U. S. Department of Defense's Advanced Research Projects Agency),美国国家情报总监办公室的高级研究计划局(Office of the Director of National Intelligence's Intelligence Advanced Research Projects Activity),以及美国国家标准和技术研究所的技术创新计划(National Institute of Standards and Technology's Technology Innovation Program)。国家级实验室和私营部门也开展了类似的计划。

四、项目评估

由于为大力推动和鼓励变革性研究付出了巨大努力,以及向项目投入了大量资助(尽管占总资助的比例依然较小),评估这些项目的效力显然非常令人感兴趣。据约翰逊和豪瑟(Johnson and Hauser,2008,p. A12)所言:

我们几乎没有关于预测变革的信息。这些人谁将产生变革性研究并获得像诺贝尔奖和拉斯克奖这样的奖项？他们是特别雄心勃勃、勤奋、聪明、富有创造力，或只是幸运？他们是多面手（triple threat），还是牢牢地专注于手头的事务？同样，我们是否有希望提前鉴定变革性计划，或者它们真的来自于好运气、辛勤工作和足智多谋（resourcefullness）？环境有多重要？这些发现是来自于孤立的工作，还是将其他领域的进展应用于一个全新的问题？特别奇怪的是，变革性研究的预测因素完全没有研究。

这些问题与本委员会负责的三个问题有明显的相似之处（见本章的专栏 1-1）。关于"变革性研究的预测因素是否完全没有研究"的问题，第四章将进一步讨论。

拉尔和威尔逊（Lal and Wilson，2013）报告了如何通过系统、定量的研究解决其中的部分问题。在美国国立卫生研究院一定程度的支持下，他们利用多种数据来源，包括研究结果出版物和 PI 的个人传记性特征，分析了"高风险、高回报"基金前三年颁发的 35 个奖项。在检查变革性研究成功的潜在预测指标时，他们发现：①与同样出色的研究人员相比，从事变革性研究的人员发表的出版物数量往往很相近；②与主流研究人员相比，从事变革性研究的人员往往并不年轻；③变革性研究被同行认为是有风险的，但是奖励时的风险程度似乎与奖励后的影响时长无关；④变革性研究往往不会比同样出色的研究更具有跨学科性和协作性。

但请注意，拉尔和威尔逊（Lal and Wilson，2013）的零假设是在小样本量（即 35）情况下被接受，且可能在大样本情况下被拒绝；换言之，这些以接受零假设为主的结果可能存在统计学第二类错误。委员会认为，受样本规模小、所提问题范围广、抽样领域有限的影响，这些有关奖励前因子的结果是非决定性的（inconclusive）。第四章提出的结论和建议将这些来自拉尔和威尔逊研究的临时证据与委员会组织的研讨会期间表达的观点以及在线调查问卷的答复进行了平衡。

关于奖励后指标，拉尔和威尔逊（Lal and Wilson，2013）发现，与同样优秀的研究人员相比，变革性研究：①倾向于遵循更多创新的研究方法；②具有更大的影响力；③同行之间的分歧较少且不需要更长时间才被社群接受。

就奖励后指标而言，拉尔和威尔逊（Lal and Wilson，2013）能够拒绝零假设，使其结论比奖励前指标更有说服力。

因此，这些结果并不明确。相较于通过传统计划资助同样优秀的研究人员的工作，由旨在促进变革性研究计划选择的申请似乎具有更大的影响力且更有创新性思考。然而，有很多迹象表明，许多变革性思想具有很大争议性，且拖延很久才被接受，例如人为导致气候变化（第二章将讨论）、进化论或大陆漂移。我们需要利用更大样本量进行系统的研究，这些研究尤其需要针对在申请阶段被认为具有潜在变革性但后来证明判断错误的想法，以及针对没有在申请阶段被界定出的变革性研究。正如委员会在本报告其他章节所讨论的那样，这些证据将有助于阐明委员会负责研究的三个问题。

五、委员会的做法

委员会被要求深入了解地理科学中的变革性研究过去是如何发展的，以便将来可以鼓励它。该职责要求委员会采用历史的做法，回顾过去变革性研究是如何出现的，它们的早期标志是什么，以及如何在未来培育这种研究（专栏 1-1）。职责中反复提及"地理科学"（geographical science）这一术语，因此，关于这一点的简要澄清可能是有用的。委员会认为该术语与地理学科基本重叠，但在两个方面有所不同：首先，并非所有认同地理的研究人员都会满足于将他们的工作定义为科学；其次，地理科学的方法和原理在从工程到人文的众多学科中得到了应用与发展。委员会使用了"地理科学家"（geographical scientist）一词，该词的意思是与地理科学有关的研究人员。最后，委员会还使用"地理学家"（geographer）一词，但同时认为这个词的含义是模棱两可的：要成为地理学家，一个人必须拥有地理学的最终学位或是在地理系工作，还是仅仅是自我认同的问题？这些问题没有简单的答案，读者需要根据上下文自行判断和理解。

专栏 1-1

任务说明

变革性科学通过提供新理论、新技术改变现在的研究领域，或直接创造新的研究领域的方式，实现重大的进步。然而，科学史表明许多变革性概念在最初提出时很难界定。因其影响了地理科学的演变，一个特设委员会将组织一个公开研讨会作为主要信息源，分析过去变革性研究是如何演变的，以便在未来更好地促进变革性研究。委员会主要凭借研讨会上的报告和讨论，努力回答以下三个问题：

（1）变革性研究在过去是如何出现的？它又是如何成为变革性的？

（2）变革性研究的早期标志可能是什么？如何能够识别它们的变革性特征？

（3）是什么帮助培育和实现了变革性研究？如何在地理科学中促进变革性研究？

委员会不会评估现有资助和正在执行的项目，不会针对预算提出建议。

任务说明（专栏1-1）介绍了委员会通过举办一次研讨会作为其主要信息收集活动。该研讨会于2014年8月5～6日在加利福尼亚州欧文市举行，约30位来自地理科学及附属学科的各界受邀嘉

宾以及研究成果评估专家与会（贡献者和议程分别见附录 B 和 C）。研讨会以两场主旨演讲为序幕，随后举行了一系列关于①社会、政治和经济；②方法、模型和地理信息系统；③环境科学；④进行中的变革性（being transformative）的小组讨论。每个小组成员提供一份简短的白皮书，并在研讨会之前发放给与会者。在编写这些文件时，小组成员被要求描述一两个发生在其兴趣领域的变革，并尽可能考虑如下问题：

（1）变革性研究在过去是如何出现的？它又是如何成为变革性的？

（2）变革性研究的早期标志可能是什么？如何能够识别它们的变革性特征？

（3）在你的领域中，是什么帮助培育和实现了变革性研究？如何促进变革性研究？

（4）有没有过去的研究应该是变革性的（在你的估计中），但事后看来不是？

前三个问题反映了委员会的任务说明，而第四个问题旨在鼓励小组成员探讨同样重要的问题，即为什么一些有前景的研究没有成为变革性研究。这些白皮书为讨论提供了一个起点，也是委员会撰写本报告所借鉴的丰富信息来源。前三个问题为报告提供了有用的信息，但第四个问题很难解答。虽然许多参与者能够从个人经历中举出例子，但没有产生一般性和有用的原则。因此，显然还需对什么肯定是重要而有趣的问题进行更广泛的调查。

委员会还选择通过发放在线调查问卷来收集信息（附录 D），从而纳入无法参加研讨会的人的想法，并加强委员会其他的信息收集活动。该调查问卷不是为统计分析而设计的，但是委员会在撰写本报告时审阅并考虑了这些回复。

第二章 地理科学近期的变革性创新

在本章中，委员会对 20 世纪末和 21 世纪初地理科学发生的主要变革性研究事件中选定的案例研究进行了回顾。在回顾中使用了创新扩散模型，并关注了这些事件对研究的创新者和成果的传播推广可能产生的经验教训。

一、变革性研究与创新扩散中的一般模型

许多地理科学家都知道哲学家［例如，保罗·费耶拉本德（Paul Feyerabend）、托马斯·库恩、伊姆雷·拉卡托斯（Imre Lakatos）和卡尔·波普尔（Karl Popper）］关于科学与科学革命之本质的论述。这些哲学观点和争论也很早就用于审视地理科学（例如，Bassett，1999；Bird，1977；Johnston，1997；Mair，1986；Wheeler，1982）。最新的研究结果来自因克彭和威尔逊（Inkpen and Wilson，2013），他们在此背景下对自然地理学进行了回顾。他们发现，这些哲学观点多种多样，从卡尔·波普尔将科学的进展概括为建构、检验和驳斥假设的逻辑与形式过程，到托马斯·库恩和伊姆雷·拉卡托斯认为的更为混乱以及可能更现实的观点，即推翻根深蒂固的范式和方案以及实现竞争范式的胜利。最后，保罗·费耶拉本德认为，科学创造力和进展中的任何真正的理性都会被拒绝。

考虑科学领域变革格局与过程的另一种方法是通过创新扩散理

论的视角。罗杰斯（Rogers，1962）在这一领域开展了开创性的工作，而这一领域也在过去的 50 年里得到了进一步的发展（例如，Eveland，1986；Godin，2006；Hall，2004；Peres，2010；Rogers，2003；Rosenberg，1972；Wejnert，2002；Wisdom et al.，2014）。创新扩散理论的研究主要是在产品开发和市场营销的背景下进行的。因而，创新扩散模型也被广泛应用于经济部门，如技术和生物医学、公共政策和教育等领域。经济学家和商业部门都对如何进行最优开发、改进和扩散具有创新性的新产品以获得最大市场份额特别感兴趣。我们可能可以采取同样的方式来回顾变革性研究初创、发展、扩散和采用的过程。

　　罗杰斯用图形方式将创新扩散的过程概括为：市场份额随着产品的开发和扩散呈现指数增长。其理论基础是创新者、早期和晚期的采用者、最终采用者（所谓的"落后者"）的数量呈现正态分布（Rogers，2003）[①]。在变革性研究的背景下，这一过程体现为：一个人或少数人先提出一种想法，然后少数早期采用者积极地改进和发展它，之后想法传播至其他研究人员，最后想法终获认可并被该领域大多数研究人员所应用。其余的"落后者"因为缺乏信息，缺乏实施能力，或者由于最初思想上的抗拒，到后期才采用变革性研究范式。在学术研究方面，创新扩散过程的一个重要部分是使大家知悉一种新的研究范式的存在，并懂得如何应用这种范式。无论一个想法或一种技术多么吸引人，如果由于复杂性或资本成本而使其无法被潜在的采用者应用，那么，这种想法或技术就不可能具有变革性。在"纯"（pure）研究的情况下，变革性观念的"市场份额"可能相当于同行评议出版物数量、引文数以及博士生的人数等。

　　是否有经验证据表明变革性研究的采用也遵循罗杰斯提出的类似模式？一些来自地理科学近期的变革性研究领域的数据表明了一

---

① "早期和晚期的采用者"的人数最多，"创新者"和"最终采用者"的人数较少。——译者注

一般模型中的一些事实。谷歌数据库中出版图书的 n-gram 分析图示（Lin et al.，2012）显示，与地理科学变革性研究范式相关的术语使用呈指数增长（图 2-1）。环境遥感等领域日趋成熟并达到稳定状态，而全球气候变化等领域仍在不断增加。事实上，罗杰斯的创新扩散模型，与美国国家科学基金会 GSS 项目中用于专家评估的产出性科学探究曲线（即 Isserman 曲线）形式相同（NSF，2011）。Isserman 曲线代表了从最初研究思想的产生到发展末期（此时已不再可能产生重大创新和重要新知识）的知识累积量（Baerwald，2013）。

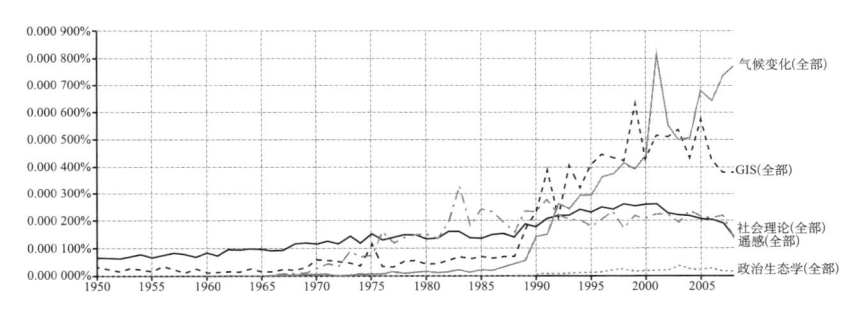

图 2-1　谷歌数据库中出版图书中政治生态学、社会理论、
遥感、地理信息系统（GIS）和气候变化五个术语的增长变化

注：根据所有出版的图书，对五个术语进行归一化；这些术语与更广泛的研究领域相关，变革性研究由地理科学扩展到地理科学以外的其他学科。

资料来源：谷歌图书的 n-gram Viewer（Lin et al.，2012；http://books.google.com/ngrams）。

那么，从一般意义而言，到底是什么推动了创新的初步发展、改进和扩散？在市场营销背景下，创新和扩散的推动力已经被描述为：①"技术推动"，即发明者和创新者认识到新创造与发展的技术（或想法）在一些部门具有被广泛采用的潜力（即市场份额）；或②"市场拉动"，即一种技术或其他产品的最终采用者为满足迫切的市场需求而对其开发提供了明确的要求和支持（Dowling，

2004)。例如，在环境技术发展中，新实施的政府法规所产生的市场拉动可能为开发新产品提供最重要的推动力（Horbach et al.，2012）。本章接下来的内容，将根据四点具体的发现及其佐证讨论，对这些概念进行阐述。

经验表明，变革性创新可能是归因于一个人或单个研究网络群体的单一事件，或者可能独立地出现在不同的个人或群体中。长期以来，相当多的思考和争论的焦点是：原创和革命性创新的核心是什么？如何预测并促进这种突破？到目前为止，还没有被广泛接受的答案（Simonton, 2009; Sulloway, 2009）。变革性创新类型多样，从革命性新思想的突然出现，如查尔斯·达尔文（Charles Darwin）的自然选择理论或路易斯·阿加西（Louis Agassiz）冰川理论的初期出版物，到工具的长期不断进步，如从气球摄影到卫星遥感的发展。变革性思想也可能是建立在现有的概念之上，这些概念抑或在应用中不断地改进和发展，抑或以新的（甚至具有争议的）方式重新构建，抑或是重新使用的旧想法（Sulloway, 2009）。最后这种方式成败不一，失败的例子是拉马克（Lamarck）进化理论，该理论建立在由李森科（Lysenko）于20世纪30年代开创的苏联科学之上，现已被摒弃；成功的例子是第二次世界大战后阿尔弗雷德·韦格纳（Alfred Wegener）大陆漂移理论的复兴与验证。

发现1：变革性创新产生自个人、团体以及各种来源，源于各式各样的思想（包括古老的和长期被忽视的想法），既可以是革命式的，也可能是进化式的。

企业在开发创新产品时面临的一个问题是，是否采用开放式或封闭式的创新模式（Chesbrough, 2003）。我们是更应该相信个人能够独立地、不与外界沟通的情况下开发具有竞争力的产品？还是更应该倾向于在一个开放的环境中，通过使公司内外的小组和个人自由地交换信息，集思广益地开发产品？有人认为，尽管产品排他性可能会丧失，但在技术领域，开放式创新方法是最成功的

（Chesbrough，2003）。最近两个采用这种方法的公司是发布了拥有自主知识产权的电池技术的特斯拉汽车公司（Tesla Motors）和发布了拥有自主知识产权的燃料电池技术的丰田汽车公司（Toyota Motor Corporation）。

发现2：科学研究中开放的创新体系有利于群体（包括存在竞争关系的团体）之间的信息交流，且有助于国家、资助机构或基金会发现最快速、最高产、最高效的科研项目。

无论一个新的研究概念多么卓越，如果它不能被广泛采用，那它就不会具有变革性。这种广泛采用需要改进和扩散。简单而言，一个科学变革的开始和进程可能可以被视为发明、创新和扩散的经典三阶段过程（Bush，1945；Godin，2006）。然而，现在人们普遍认为，这种线性模型过于简化了创新在发展和应用过程中的动力学。相反，创新的成功发展和传播通常通过后向与前向的传递过程，以及由发明者、创新者和采用者产生的反馈来实现（Bogers et al.，2010；Godin，2006；Tuomi，2002；von Hippel，1986）。

发现3：促进创新者和采用者之间的快速沟通，对于发展与传播变革性创新至关重要。

在尝试识别和促进一项有前景的变革性研究理念的创新与传播时，回报最大和风险最小的地方在哪里？通常很难在早期阶段识别出成功的创新。根据美国专利商业化和风险资本投资的成功率测算，在目前发布的约150万件专利中，只有约3 000件（0.2%）最终具有商业可行性（Klein，2005）。即使在投资公司对创业公司进行仔细分析之后，风险资本投资也通常具有较高的失败率（即超过50%）（Sahlman，2010）。此外，只有约1%的风险投资实际是投资于萌芽阶段的公司，45%和50%则分别投资于风险大大降低了的相对成熟的早期公司和已发展成熟的公司，而大大降低的风险可看作是对投资回报率的补偿（Korteweg and Sorensen，2010）。

发现4：没有既定的指标可用来判断个体或概念能否成为变革

性创新的来源。

如果将创新传播理论和商业经验作为公认的不完善的通用指南，人们可能会修正罗杰斯的启发式模型，将一些风险和潜在奖励的指标纳入正在寻求发展与传播具有创新性及变革性的科学研究技术与范式的机构中。在这种概念化中，专门用于促进创新的资源在发明者和早期创新者之间传播，以促进具有风险但又具有潜在创新的新想法的发展。同样，一些以创新为目标的资源的提供，允许将已经成熟的创新全面传播并广泛应用于后期的多数用户。然而，当概念的证明清晰明了且适用性得到证实时，大部分创新资源都集中在创新阶段的后期和采用阶段的早期。在这个时候，用于最终优化开发的和早期创新传播的资源可以通过早期采用者与创新者之间的互利反馈提供最大的杠杆作用，从而快速完善创意。

除了用于直接技术研发或应用的资源外，创新者和采用者之间的沟通也是一个重要的支持领域。同样，在这个阶段，支持可以产生很大影响，因为这种沟通可以通过创新者和采用者之间的反馈促进想法的改进，并且还可以加速传播。值得注意的是，该模型计算的是：保证现有研究得到充足资源支持的情况下，促进创新的资源占总资源的比例。

二、案例研究：发明与早期创新

在本小节，委员会将回顾过去 65 年来在地理科学中发生了变革的五个研究领域，分别是政治生态学、空间社会理论（即直接受地理学影响并与地理学相关的社会理论）、环境遥感、地理信息系统与科学以及全球气候变化。列出的这几个研究领域并不全面，不可避免地可能会遗漏地理科学中其他发生了变革的重要领域，然而，它们代表了重大变革的一份可控的样本，能够为委员会的进一步商议和提议提供有用的素材。这五个研究领域都已发展成熟，在地理科学及其相关领域具有代表性，成果数量众多。在20世纪中叶以前，人们不会在地理科学中遇到这五个研究领域中的任何一个，因此，它们显然代表着重大的变革。

在此期间，在地理科学中一些长期公认的研究领域内发生了当代具有变革性的事件，例如生物地理学领域的岛屿生物地理学理论（Macarthur and Wilson，1967）和地貌学领域的非平衡理论（Phillips，1992）。同样，在更广泛的地理学领域，也出现了变革性的发展，例如计量革命（Burton，1963）和空间/场所的关键社会理论（Harvey，1973；Massey，1973）。更新的概念，如可持续性科学（Kates et al.，2001）和人类世（Anthropocene）时期的集成方法（Crutzen，2006），目前正在地理科学中迅速传播并可能产生类似的重大影响。这些以及其他（包括过去和现在的）变革性事件都值得审视，但超出了本报告的范围。这里介绍的五个案例研究有助于我们识别出许多发明家和早期创新者、思想来源以及促进这些案例在地理科学领域内外发展和广泛传播的因素。我们将在上述讨论的创新传播概念的背景下回顾这些历史。根据本报告的性质，相关描述必须是最简要的概述，部分描述来源于文献，但也依赖于研讨会参与者表达的专家观点和意见。

本小节所讨论的五个变革性研究领域的发明与早期创新的负责人或团体，既有来自地理科学的，也有来自地理科学之外的，在某些情况下甚至来自传统学术研究之外的领域。我们不仅意识到，并且认为，通常不可能将重要的、具有变革性的研究思想归因于任何个人或一项具有开创性的工作；同样，也不可能确定所有的贡献者。因此，本小节只是通过案例来说明，可能无法做到详尽完整。

1. 政治生态学

政治生态学是农业、土壤科学的发展研究和政治经济学的融合。政治生态学领域的地理科学，实现了从经典的农业/环境、文化视角研究农村发展问题转向以政治经济学理论视角为主的更大的经济体研究。早期的变革思想与人类学和地理学都有关联（Blaikie，2008；Bryant，1998；Escobar，1999；Robbins，2012）。许多人认为，皮尔斯·布莱基（Piers Blaikie）和布鲁克菲尔德（Brookfield）于1987年出版的、被广泛引用的《土地退化和社会》（Land Degradation and Society）一书，是这一研究领域的开山之作。然而，"政治生态学"一词实际上在此前以及其他领域已被使用。例如，植物学家、记者弗兰克·托恩（Frank Thone）在其1935年撰写的一份报告中，将日本在满洲地区取代土著牧民与19世纪美国扩张取代原住民进行了比较（Thone，1935）。埃里克·沃尔夫（Eric Wolf）在《人类学季刊》（Anthropology Quarterly）上发表的与一次专题讨论会有关的内容中使用了这一术语，根据埃里克·沃尔夫的说法，该专题讨论会展示了"人类学家如何通过研究当地生态系统之间的联系以及经济参数而变得富有经验"（Wolf，1972，p. 201）。在关于农村地区发展、灾害和文化生态学的传统研究中，以及在由马克思主义和政治经济学视角组成的激进的地理研究中，可以发现更多的先例（Bryant，1998；Robbins，2012）。最直接相关的谱系是关于环境和灾害的政治经济学研究（例如，Hewitt，1983；O'Keefe et al.，1976；Watts，1983）。

政治生态学一直是人类学家关注的焦点。然而，一些人类学家承认，到了20世纪90年代，地理学家和生态经济学家已经在这项研究中取得了领先地位（Escobar，1999，p. 2）。20世纪80～90年代，政治生态学开始由研究发展（development）的地理学家和学生（特别是来自克拉克大学和加州大学伯克利分校的学生）主导。他们将政治生态学作为其研究方法，后来成为地理学甚至更广泛领域的领军者（例如，Peet and Watts，1996）。所有这些活动都有助于政治生态学的进一步发展，并在地理科学领域内推动了这一研究领域的发展，进而推动了这一领域的学科优势。

值得注意的是，政治生态学强有力地分析了"新自由主义"（neoliberalism）和"自然的商品化"（commodification of nature）对亚马逊、安第斯山脉、墨西哥和撒哈拉以南非洲等地区的畜牧及景观的影响，重点分析了包括水、森林、生物多样性、湿地、碳和渔业在内的环境资源（Carney，1993；Hecht and Cockburn，1989；Liverman，1990；Zimmer，1991）。在当代地理学中，政治生态学是研究人类与环境关系的一种常见方法，包括了发达国家和发展中国家的许多研究（Peet et al.，2011；Robbins，2012）。政治生态学家的工作能够影响环境政策和环境行动主义（Perrault et al.，2015）。

如果要在地理科学中寻找发展政治生态学的重要人物，人们应该会提到布莱基和瓦茨（Watts）。这两位博士分别具有与印度和非洲农业发展有关的背景。他们早期的职业生涯致力于发展政治生态学。布莱基和他的合著者布鲁克菲尔德从地理科学的角度定义了政治生态学："政治生态学横跨生态学和广义的政治经济学。在这两大背景下，政治生态学包括了社会和土地资源之间以及社会内部阶级和群体之间不断变化的辩证关系"（Blaikie and Brookfield，1987，p. 17）。

2. 空间社会理论

空间社会理论是另一个变革性的研究领域，在这一领域里社会学等受地理科学的影响很大。空间社会理论与政治生态学有着相似的起源，一些早期的概念可以追溯到地理科学之外的学科。在这种情况下，德国社会学家、哲学家格奥尔格·西美尔（Georg Simmel）的作品《格罗斯塔德与精神生活》（*Die Grosstädte und das Geistesleben*）（*The Metropolis and Mental Life*；Simmel，1903）可能被认为是早期的源泉。在地理科学的背景下，批判社会理论的发展受法国哲学家亨利·列斐伏尔（Henri Lefebvre）与米歇尔·福柯（Michel Foucault）（例如，Foucault，1976）作品的影响很大。在地理科学领域，几乎同时，大卫·哈维（David Harvey）《城市社会正义》（*Social Justice in the City*；Harvey，1973）一书为批判性空间社会理论奠定了基础，成为该理论萌芽阶段的一个重要组成部分。其他地理科学家，如多琳·梅西（Doreen Massey，1973，1994），也遵循类似的分析路线，充满活力和洞察力。与此同时，城市社会理论批判性重构的研究在地理科学之外也广受追捧（例如，Gordon，1978），这有助于形成一种丰富的智力媒介。与政治生态学一样，早期做出贡献的学者既包括地理学家，也包括其他领域的学者，尽管他们的分析视角都基于马克思主义，并且都将政治经济学理论与城市空间的发展和描绘相结合。

有趣的是，大卫·哈维的博士工作是研究历史地理学，紧接着，在他 1969 年出版的、具有影响力的《地理学中的解释》（*Explanation in Geography*；Harvey，1969）一书中，却为地理科学提供了一种实证主义的、定量的观点。尽管历史分析在哈维的作品中仍然很重要，但在他的早期作品中并没有明确地流露出他所发展的更激进、更积极的观点。同时，社会学家哈维·莫洛奇（Harvey Molotch）于 1976 年发表的论文 "城市作为一个增长机器"（"The City as a Growth Machine"；Molotch，1976），使得城市空间理论学家不再关注地理学在城市研究中的作用，而是考虑决定城市形态的地块的社会背景，以及不同人群的机会主义的（opportunistic）、情境社会（contextual social）的因素。美国人口调查局数据（例如收入和种族等变量的地理分布）的免费公开为研究假设的检验提供了重要的实证数据。例如，这些数据在哈维·莫洛奇的论文中起到了重要作用。随着空间社会理论创新的不断深入，凯·安德森（Kay Anderson）、彼得·杰克逊（Peter Jackson）、琳达·麦克道威尔（Linda McDowell）等地理科学家扩展了阶级政治经济的研究范畴，开始研究构成社会的种族（Anderson，1987；

Jackson，1987）与性别（Massey，1994；McDowell，1993）的空间结构问题。

3. 环境遥感

环境遥感因能够从空基、天基平台上观测地表特征和过程而改变了地理科学。尽管空间分辨率通常比较粗糙，但环境遥感使得分析范围能够跨越广袤的地理区域和偏远地区，并对地表进行越来越复杂的测量。近50年来，卫星环境遥感已成为地理科学研究的重要组成部分。现代环境遥感起源于19世纪40～60年代，当时巴黎天文台的主任弗朗索瓦·阿拉戈（François Arago）提出了利用气球拍摄的照片进行地形测量的想法（Aronoff，2005）。飞机发明之后，民用和军用空基摄影测量得到了进一步的发展。

第二次世界大战期间的军事应用加速了图像采集技术、摄影测量和解译方法的发展。在战争结束后不久，被俘获的德国V2火箭被美国和苏联军队用来从热层拍摄地球照片，天基遥感科学由此诞生。然而，军方在技术开发和部署方面处于领先地位，普通用户一般无法使用这些最新的研发成果（Aronoff，2005）。20世纪50年代末至70年代，对遥感技术和图像的解密使天基环境遥感成为一个学术研究领域（Aronoff，2005）。实际上，"环境遥感"一词最早出现在20世纪60年代初，很可能是出自1962年召开的一次国际环境遥感专题讨论会。这次会议在密歇根大学的Willow Run实验室举行，该实验室主要是一个工程和国防研究机构。尽管一些地理科学家肯定也参与了天基遥感技术的早期发展，但遥感的研究路线、潜在的适用性以及环境遥感这一术语，到20世纪60年代早期才明确地出现在地理科学的文献中（Bailey，1963；Bird and Morrison，1964）。

1972年发射的ERTS 1/Landsat 1是现代的、变革性的环境遥感科学的重要节点。这一卫星最初被称为地球资源技术卫星

(ERTS 1),后来更名为 Landsat 1,这是第一个专门为收集地球表面状态和自然资源数据而设计的平台。美国地质调查局(U. S. Geological Survey,USGS)1965~1971 年的主任、地质学家威廉·T. 佩科拉(William T. Pecora)被认为在很大程度上为系列地球观测卫星 ERTS/Landsat 的创建提出了更高层次的愿景并付出了政治努力(USGS,2012)。ERTS 1/Landsat 1 卫星由通用电气公司(General Electric)建造,由美国国家航空航天局(NASA)与美国内政部(U. S. Department of Interior)合作设计并发射,由美国政府资助(USGS,2012;Williams,1974)。这一事件是 20 世纪 70 年代和 80 年代环境遥感爆炸性增长的导火索(图 2-1)。在过去的 40 年里,一系列环境遥感卫星被发射进入太空,这些卫星来自不同国家的政府和企业。1976 年,美国地质调查局发布了一份关于 ERTS 1 应用潜力和一些初步结果的早期出版物(Williams,1976)。值得注意的是,尽管该项工作由联邦政府的科学家主导,但学术界包括阿拉巴马大学的尼尔·G. 莱恩巴克(Neal G. Lineback)、加利福尼亚州立大学的理查德·埃尔夫森(Richard Ellefsen)、田纳西大学的圣荷西(San Jose)和约翰·B. 雷德尔(John B. Rehder)在内的地理学家,都是参与研发 ERTS 1 早期应用与产品的非政府科学家(Williams,1976)。到了 20 世纪 70 年代,环境遥感正在改变许多地理科学院系的研究内容和教育课程(Estes and Thaman,1974)。

地理学家大卫·西蒙内特(David Simonett)和杰克·埃斯特斯(Jack Estes)在环境遥感的早期发展中发挥了重要作用。大卫·西蒙内特拥有地理学博士学位,是雷达遥感的先驱。1966 年,大卫·西蒙内特与工程和地质部门的同事合作,在堪萨斯大学建立了一个雷达遥感研究组。后来,他在地球卫星公司(Earth Satellite Corporation)从事商业工作,并最终与杰克·埃斯特斯一起加入了加州大学圣巴巴拉分校地理系(Morain,2006)。杰克·埃斯特斯在获得地理学位后在中央情报局从事遥感情报工作，而后在得克萨斯仪器公司工作，然后返回大学攻读地图学博士学位。他是开发海洋遥感现象（如石油泄漏）的先驱。1972年，他和大卫·西蒙内特在加州大学分校的地理系建立了一个遥感部门。杰克·埃斯特斯编写了一本广泛使用的教科书，后来还帮助包括美国地质调查局和美国国家航空航天局在内的联邦机构制定国家遥感战略（Dozier and Asrar，2001；Jensen，2008）。

与政治生态学不同的是，环境遥感的兴起不是由一小群具有开创性的人员所发起的，而是从一开始就一直是"大科学"和"大技术"。在这样的"大科学"和"大技术"之中，许多研究者都在致力于创新研发，从而共同促进了该研究领域的发展。

4. 地理信息系统与科学

尽管地图学和地图分析一直是地理科学的核心，但地理信息系统的开发和部署不仅使地理空间数据的整理、制图及可视化发生了革命性的变化，使其能够快速有效地进行，同时使得对单变量的详尽定量分析和对多变量的综合分析成为可能。在过去的20年里，地理信息系统的研究和教学已经成为地理科学课程的标配。除了与遥感有相当大的协同作用外，它的出现在某些方面可以被视为是以下两方面的结合：政治经济是如何被构想的以及环境遥感是如何发展的。20世纪中后期的地理信息系统历史有许多可圈可点之处（Chrisman，2006；Coppock and Rhind，1991；EERI，2012；Tomlinson and Toomey，1999），但如果只有一人能够被视为创建地理信息系统的关键人物的话，那就是加拿大的罗杰·汤姆林森（Roger Tomlinson）。他同时拥有从英国和从加拿大获得的地理学学士学位、研究生学位。他在麦吉尔大学攻读硕士学位的研究是冰川地貌（Tomlinson，1963）。罗杰·汤姆林森曾在航空摄影的企业工作（Tomlinson and Brown，1962），然后担任了加拿大政府的顾问，后来担任加拿大政府的公务员。在其担任公务员期间，他构思了第一个计算机化的地理信息系统，并与国际商业机器公司（IBM）合作将其成功开发。他在一些早期的报告和出版物中多次提及术语"地理信息系统"（GIS）（Department of Forestry and Rural Development，1967；Tomlinson，1962），并在1968年出版的《区域规划地理信息系统》（*A Geographic Information System for Regional Planning*）一书中正式提出该术语。

罗杰·汤姆林森的构想（后来成就了加拿大地理信息系统，CGIS）最初是为了解决加拿大政府的一个技术问题，即根据加拿大土地调查绘制的地图来准确估计土地面积。已知的技术需要大量人力投入，且不够精确；罗杰·汤姆林森推测，如果能解决地图数字化与计算机存储内容这些问题，那么计算和报告面积将是快速且准确的。计算机已经被开发成了计算机器。当时，利用计算机来操纵地图内容的想法很奇怪，扫描地图的技术必须从头开始发明。也许加拿大地理信息系统最具创新性的方面是使用计算机来分析地图内容。正是这最后的想法导致地理信息系统作为地理科学的一种有用、最终具有变革性的工具被初步采用。

地理信息系统的概念化在很大程度上归功于罗杰·汤姆林森，但同时也至少有三个其他功臣。第一位是建筑师哈沃德·费舍尔（Haward Fisher），他于20世纪60年代在哈佛大学建立了计算机图形学实验室，开发用于绘图的计算机软件。第二位是景观设计师杰克·丹格蒙德（Jack Dangermond），他在哈佛大学研究生院设计专业学习和计算机图形实验室工作之后，于1969年成立了商业公司环境系统研究所（Environmental Systems Research Institute，ESRI；ESRI现在以其ArcGIS系列软件产品主导商业、政府和学术的地理信息系统市场）。第三个是美国人口调查局的一个研究团队，他们在准备1970年人口普查工作的过程中开发了包括地理基础文件/双独立地图编码（GBF/DIME）[①] 在内的地理数据库。这些数据库后来公开了访问权限，给地理科学家带来了巨大刺激，使得他们可以很容易地使用绘图软件和人口普查数据来创造有关人文地理学的新知识。拓扑集成地理编码和参考（TIGER），作为 GBF/DIME 针对 1980 年美国人口普查的升级版，是促进路径搜寻服务研发的一个主要因素，并最终成就了学术界和公众当今使用的在线地图服务。

如今，地理信息系统的创新步伐越来越快。其创新速度有时是由技术创新决定的，例如全球定位系统（GPS）、基于网络的制图和路径搜寻服务。有些创新源于社会事件，例如公众越来越多地参与到地理信息的消费和生产中（Sui et al.，2012），以及公众越来越关注隐私。高性能计算是地理科学以外的另一项技术创新，它以 CyberGIS 的形式对地理科学产生了深远的影响（Wang，2010）。最后，虽然早期的地理信息系统主要是纸质地图上的内容（换言之，呈现的是一个扁平的、扭曲的地球），但地理信息系统作为一个全球容器的概念已经变得越来越强大，部分原因是 1998 年美国副总统阿尔伯特·戈尔（Albert Gore）的一次演讲以及 2005 年第一个公开可用的谷歌地球的发布。这些虚拟的地球仪是数字地球的一种呈现形式，而"数字地球"（Digital Earth）这一术语最初由副总统阿尔伯特·戈尔于 1992 年提出，含义为对地球上所有已知事物的全面数字表达（即镜像世界）。

5. 全球气候变化

由于人类活动引发温室气体浓度的增加而导致的全球气候变化，可谓是当今影响地理科学和相关学科的最具变革性的研究课题

[①] GBF/DIME 是 20 世纪 80 年代美国人口调普查局使用的一种地理数据编码。DIME 译为双独立地图编码（Dual Independent Map Encoding）。地理基础文件（Geographic Base File, GBF）是为存储 DIME 数据而开发的文件格式。1990 年，美国人口调查局用 TIGER 取代了 GBF/DIME。——译者注

之一。地理科学各领域的教研工作都已和这些内容有关：分析地球的气候是如何在由人为温室气体增加的影响下变化的；分析生物物理系统和人类在地球气候变化下的响应；有关缓解和适应全球气候变化的生物物理—社会经济耦合分析。研究由人类活动引起的气候变化有着悠久的历史（参见：Fleming，1998；Jones and Henderson-Sellers，1990；Macdonald，2011；Rodhe et al.，1997）。

有关人为温室气体能够使地球明显变暖的科学推测可以追溯到19世纪。瑞典物理学家斯万特·阿雷纽斯（Svante Arrhenius）量化了二氧化碳对大气的贡献以及二氧化碳变化对地球表面温度的影响（例如，Arrhenius，1896）。他计算出，大气中二氧化碳浓度翻倍将导致全球温度变化$4 \sim 5°C$，且燃烧化石燃料可能会使大气中的二氧化碳大量增加。但是到20世纪中叶，这些关于未来全球会变暖的观点在很大程度上被忽略了，原因有很多，其中包括当时的观测、气候学理论、海洋学理论等。然而，在20世纪30年代，英国工程师、业余气象学家盖伊·卡伦达尔（Guy Callendar）收集了大气中二氧化碳和地球表面温度的测量数据。他认为，自19世纪以来，二者均在不断增加，并且可能已经有了温室效应（Callendar，1938）。到了20世纪50年代末和60年代，约翰霍普金斯大学的物理学家吉尔伯特·普拉斯（Gilbert Plass），斯克里普斯（Scripps）海洋学研究所的罗杰·雷维尔（Roger Revelle），加利福尼亚大学圣地亚哥分校、斯克里普斯大学的海洋学家以及大气化学家查尔斯·基林（Charles Keeling）证明了温室气体的不断增加确实促使全球温度上升（例如，Keeling，1960；Plass et al.，1956；Revelle and Suess，1957）。

地理科学在形成气候—人类关系研究和应对自然灾害研究的初期发挥了作用，而这些研究为全球气候变化的集成气候—社会分析奠定了基础。以吉尔伯特·怀特（Gilbert White）为首的自然灾害研究人员针对人类对气候变化的响应给出了重要见解（White，

1945)。地理学家们也共同领导了研究人类活动（在包括气候在内的物理和生物系统中）的变化以及这些变化对地表覆盖/土地利用的影响（Thomas et al.，1956；Turner et al.，1990）。地理学家们也提高了我们对历史气候变化影响的认识，从而为从不同角度分析气候变化的影响奠定了基础。此外，高性能计算的发展使科学家能够预测二氧化碳增加对气候的影响。一些地理学家为此类气候模型的开发做出了重要贡献，他们包括罗杰·巴里（Roger Barry）、安·亨德森-塞勒斯（Ann Henderson-Sellers）和吉尔·威廉姆斯（杰格）[Jill Williams（Jaeger）]（Henderson-Sellers，1978；Williams，1978；Williams et al.，1974）。

20 世纪 70 年代，气候变化研究范围明显扩大，所涉及的公共利益随之扩大，这部分归因于麻省理工学院斯隆管理学院于 1970 年举办的"关键环境问题研究"（Study of Critical Environmental Problems）研讨会。随后很快在瑞典斯德哥尔摩举办了第二次会议，会议出版物《不知不觉的气候变化——人类对气候影响研究的会议报告》（*Inadvertent Climate Modification. Report of Conference, Study of Man's Impact on Climate*）引起了公众的广泛注意（Wilson and Matthews，1971）。可以说，20 世纪 70 年代中后期的一些重要文章是号角，为 20 世纪 80 年代至今的全球气候变化研究的迸发明确了前进的方向（图 2-1）。这些文章包括哥伦比亚大学地球科学家沃利·布罗克（Wally Broecker）的"气候变化：我们正处于明显全球变暖的边缘吗？"（"Climatic Change: Are We on the Brink of a Pronounced Global Warming?" Broecker，1975），以及畅销书《创世纪战略：气候与全球生存》（*The Genesis Strategy: Climate and Global Survival*；Schneider and Mesirow，1976）。1979 年召开的世界气候会议［会议主席为地理学家肯·黑尔（Ken Hare）]发布了一份由地理学家鲍勃·凯茨（Bob Kates）起草的关于气候和社会的重要声明（Kates，1979），该声明确立了一项现如今被称为"人类维度"的议程。因此,鲍勃·凯茨被视为地理学家中研究气候变化影响的关键人物。

与此同时,地理学家们正在处理气候预测的结果,并将其与对社会(包括农业、水、生态系统、城市地区)的潜在影响联系起来。这一期间的重要出版物为鲍勃·凯茨编辑的专辑《气候与社会:近期事件的教训》(*Climate and Society:Lessons from Recent Events*;Kates,1979)和新创建的学术期刊《气候变化》(*Climate Change*)(Terjung et al.,1984;Warrick and Riebsame,1981)。在由马丁·帕里(Martin Parry)及其同事编辑的关于气候变化的区域影响的两卷专辑中,地理学家的工作也占据了突出的地位(Parry et al.,1988)。

世界气象组织(World Meteorological Organization,WMO)和联合国环境规划署(United Nations Environment Programme,UNEP)于1988年成立了政府间气候变化专门委员会(Intergovernmental Panel on Climate Change,IPCC),定期全面收集和系统评估气候变化及其影响,并协助制定切实可行的应对战略。政府间气候变化专门委员会将学术界、公众和政策制定者前所未有地聚集在一起,最终导致了地理科学及其他领域在气候变化研究方面的创新呈爆炸式增长(图2-1)。造成这种影响的一个明显的原因是,定期出版的政府间气候变化专门委员会报告(Houghton et al.,1990;IPCC,1995,2001,2007,2013)涉及物理和生命科学领域,并延伸到农业、保护、发展研究、经济学、能源研究及公共政策,同时明确指出了需要研究的问题。这些需要研究的问题广泛涉及各个领域。

广义的地理科学——包括气候学、生物地理学、地貌学、水文学、土壤学和古气候学——都为气候变化研究做出了贡献,主要表现为大规模环境和古环境数据的存储与时空分析(Bartlein et al.,1998;Defries et al.,1998;Legates and Willmott,1990;Mac-

Donald et al.，2006），在精细尺度上将土地利用和土地覆盖变化的影响与气候变化驱动因素及其反馈相集成，以及气候脆弱性概念的发展（其中气候变化的影响既取决于气候变化本身，也取决于社会条件）。在地理科学领域进行脆弱性分析的创新者包括苏珊·卡特（Susan Cutter）、汤姆·唐宁（Tom Downing）、哈利·埃金（Hallie Eakin）、罗宾·莱琴科（Robin Leichenko）、戴安娜·利弗曼（Diana Liverman）、卡伦·奥布赖恩（Karen O'Brien）和迈克尔·瓦茨（Cutter，2003；Downing et al.，1993；Eakin and Luers，2006；Leichenko and O'Brien，2008；Liverman，1990b；Watts and Bohle，1993）。以戴安娜·利弗曼（Liverman，1990b）和苏珊·卡特（Cutter，1996）为代表的地理学家于20世纪80～90年代率先开展的环境脆弱性与风险评估研究，已成为气候变化研究的重要组成部分。包括区域脆弱模型（hazards-of-place models of vulnerability；Cutter et al.，2000）在内的地理科学领域的工具方法具有明显的普适性。

社会科学现在是全球气候变化研究的核心领域（International Social Science Council and UNESCO，2013），而地理社会科学是减轻气候变化影响和气候治理的重要贡献者（Betsill and Bulkley，2006；Bulkley and Newell，2010；Stripple and Bulkley，2013）。因此，人们越来越认识到在气候变化问题上与人文学科合作的重要性（Hulme，2011）。

最后，气候变化研究一直是推动开发基于地理的地球系统模型的重要因素。该模型将各种物理、生物、社会特征与综合定量模拟相结合，并在遥感和地理信息系统的基础上实现与测试。该领域本身正在成为地理科学的一个变革浪潮。当今，上述因素造就了巨大的、综合的、快速创新的气候变化研究。值得注意的是，许多国家气象站的公开气象数据，以及由政府间气候变化专门委员会和国家机构——尤其是美国国家海洋和大气管理局（National Oceanic and

Atmospheric Administration，NOAA）——提供的广泛、公开的气候数据与气候模式数据，已成为气候变化分析与建模发展的重要支撑。

三、案例研究：传播与发展

在上述所有案例中，信息①的传播和研究的进一步完善都是一种受若干机制驱动的、并行且互补的过程。这些机制中，其中一些适用于前一节描述的所有变革性研究领域，另一些则有局限性。一些重要的传播扩散机制和变革性研究领域的发展如下。

1. 政治生态学与空间社会理论

在政治生态学和空间社会理论的案例中，开发者和早期采用者之间的面对面会议与直接沟通至关重要。政治生态学研究组织（Political Ecology Research Group）于 1976 年在英国成立，该组织旨在以非正式的方式促进新研究范式的追随者之间形成互动。同年，在加州大学伯克利分校成立了一个定期举办的政治生态学研讨会。1980 年，美国地理学家协会成立了文化生态工作组（2000 年更名为文化与政治生态工作组）。这些工作组利用资金支持或者以大型学术会议组成部分的形式举办各种研讨会、专题会、会议和非正式互动。包括加州大学伯克利分校和克拉克大学在内的大学在这些方面贡献很大，但大型官方指导委员会和半永久性政府机构的作用却很小。布莱基（Blaikie, 2008）称这一过程是兼容并蓄的。书籍（包括专辑）和期刊论文在政治生态学与空间社会理论的思想传播中起到了重要作用。尽管《政治生态学杂志》（*Journal of Political Ecology*）创建于 1994 年，是一份开放获取的期刊，也尽管许多政治生态学论文发表在《美国地理学家协会会刊》（*Annals of*

---

① 研究成果。——译者注

the Association of American Geographers）和《地学论坛》（Geoforum）上，但有理由说，发表在各个期刊（无论激进的还是保守的）上的论文对政治生态学与空间社会理论在地理科学中的传播而言是同样重要的。

2. 环境遥感与地理信息系统

这两种变革在某种意义上是由技术驱动的，它们的传播与发展和政治生态学与空间社会理论既有相似之处，也有明显的不同。研究机构或大学院系中关键研究人员之间面对面的会议对于早期的传播至关重要，尤其当他们是不同的学科背景时（例如堪萨斯大学的雷达遥感学院）。专题讨论会也很重要，其中一些已经被制度化为规模相当大的定期正式活动。自 1962 年首届国际环境遥感专题研讨会（International Symposium on Remote Sensing of Environment）召开以来，这项两年一度的活动已在世界各地举办了 35 次。而且，这项活动的规模相对较大，2015 年研讨会收到了约 700 篇摘要。同样，最近的地球科学和遥感学会会议（Geoscience and Remote Sensing Society Meeting）吸引了 1 800 名与会者。值得注意的是，这些会议同时得到了政府机构和行业的支持。美国摄影测量与遥感学会（American Society for Photogrammetry and Remote Sensing）也举办着一项大型年度会议。20 世纪 70 年代，美国地质调查局和美国国家航空航天局设立并直接支持了 Pecora 研讨会[①]，以促进遥感数据中科学信息的交换，并为讨论地球遥感的想法、政策、策略搭建一个交流平台。

专题研讨会对地理信息系统的传播与发展也具有重要意义。1963 年，华盛顿大学的规划师爱德华·霍伍德（Edward Horwood）组织了第一届城市规划信息系统和程序会议（Conference on Urban Planning Information Systems and Pro-

---

① Pecora 是研讨会的名称，而非主题。——译者注

grams），该会议后来成为由城市和区域信息系统学会（Urban and Regional Information Systems Association）主办的地理信息系统专业会议，至今已举办了大约 50 年。其他有助于地理信息系统传播与发展的会议包括两年一度的空间数据处理国际研讨会（International Symposia on Spatial Data Handling）、两年一度的地理信息科学国际研讨会（International Symposia on Geographic Information Science）以及一系列的培训讲习班。商业公司 ESRI 自 1981 年以来每年举办一次地理信息系统用户大会，该用户大会是地理信息系统作为成功的变革性研究领域的一种标志——1963 年城市规划信息系统和程序会议只有 48 名与会者，而最近的 ESRI 用户大会吸引了约 14 000 人参加。

环境遥感和地理信息系统都得益于旨在资助研究与知识传播的国家项目的建立。以美国 Landsat 等遥感卫星项目为例，美国政府通过美国国家航空航天局对基础和应用研究进行长期的资助。这种政府支持也出现在 1991 年启动的"行星地球使命项目"（The Mission to Planet Earth Program）和最近美国国家航空航天局的"地球系统科学"（Earth System Science）倡议中。值得一提的是，目前美国国家航空航天局地球科学倡议的年度预算为 17 亿美元。

地理信息系统传播的一项重要推动力始于 1988 年。彼时，美国国家地理信息与分析中心（National Center for Geographic Information and Analysis，NCGIA）在美国国家科学基金会的资助下得以成立。NCGIA 分布于三所大学（即加利福尼亚大学圣巴巴拉分校、布法罗大学和缅因大学），负责通过基础研究推进地理信息系统技术和实践，在整个科学领域推广地理信息系统的使用以及开发地理信息系统的教材。NCGIA 的课程体系设置对大学的地理信息系统教学有着重要且长久的影响。

许多学术型地理学家都是早期采用地理信息系统的人群，他们认识到地理信息系统作为地理科学的工具的潜力。其他学科的学者也迅速跟进：考古学和林学是最早采用地理信息系统的学科，其次是生态学、犯罪学和公共卫生以及其他领域。如今，地理信息系统的采用已经进入了后期阶段（图2-1），已被公认为社会与环境科学以及人文科学领域的基本工具。

1992年发生了一个重大变化，当时越来越多的学者开始质疑地理信息系统的学术意义。对许多人而言，地理信息系统像遥感、制图学甚至文字处理等一样，是一种需要通过培训和专业工作人员的支持才得以运用的一种工具或技术，但地理信息系统本身很难称为意义深远的创新。用美国地理学家协会一位主席的话来说，地理信息系统是"非智力型的专业技能"（nonintellectual expertise）。不同观点的辩论在讨论是否资助建立 NCGIA 时就已经很多，但这些辩论最终因1992年发表的一篇论文而结束。该论文的作者定义了地理信息科学（Goodchild，1992），即可以通过实证或理论研究而获得的、奠定了地理信息系统基础的知识和理论。地理信息系统到底是"工具还是科学"（tool versus science）的争论（Wright et al.，1997）仍然不时浮现，但地理信息科学已被公认为一个重要的知识领域并拥有自己的期刊、项目和会议。

许多专业期刊与丛书是环境遥感和地理信息系统（GIS，其中"S"可以表示科学或系统）研究宣传与评论的渠道。像各种定期会议一样，这些期刊拥有广泛的读者群和令人印象深刻的引文统计数据。典型的期刊包括《环境遥感》（Remote Sensing of Environment）、《国际遥感杂志》（International Journal of Remote Sensing）、《摄影测量工程和遥感杂志》（Photogrammetric Engineering and Remote Sensing）、《国际地理信息科学杂志》（International Journal of Geographical Information Science）以及《国际数字地球杂志》（International Journal of Digital Earth）。此外，环境遥感和地理信息系统的传播与进一步发展也受益于专门的系列丛书，例如《遥感与数字图像处理》（Remote Sensing and Digital Image

Processing)、《遥感应用》（*Remote Sensing Applications*）以及 ESRI 的出版物。然而，正如政治生态学和空间社会理论一样，关于地理信息系统或使用地理信息系统的出版物更多。

3. 全球气候变化

全球气候变化的扩散与发展过程是通过多种途径发挥作用的。在诸如斯克里普斯海洋学研究所的机构中，科学家之间面对面的互动至关重要，正如麻省理工学院斯隆管理学院和世界气候大会的早期专题讨论会一样。自 20 世纪 70 年代末开始，《气候变化》（*Climatic Change*）、《全球环境变化》（*Global Environmental Change*）与《全球变化生物学》（*Global Change Biology*）等重点期刊发挥了至关重要的作用。此外，还有一些专门的系列丛书，其中包括《关键气候变化》（*Critical Climate Change*）、《普林斯顿气候入门》（*Princeton Primers in Climate*）。然而，绝大多数出版物都是通过不同学科期刊和书籍出版的。

政府间气候变化专门委员会将数百名研究人员召集在频繁的会议上，并通过定期交流来编制每一份报告，这不仅使全球气候变化科学的各种信息得以传播，而且还促进了研究网络的建立和进一步的研究。美国全球变化研究计划（U. S. Global Change Research Program，USGCRP）的报告将各种信息（尤其是国家气候评估）汇总在一起。此外，政府间气候变化专门委员会和美国全球变化研究计划的报告都在大众媒体上引起了广泛的关注，这使得公众受到教育，增强了公众的意识。这种大规模的报道也有助于吸引年轻人投身科研界。联合国和其他地方关于全球气候变化的政治辩论进一步传播了有关这一研究领域的信息。

4. 个人的重要性

在推动变革性研究的传播与发展中，尽心尽力的和有号召力的个人所起的作用不容忽视。个人思想领袖，无论是早期创新者还是早期采用者及开发人员，对于通过出版物与报告进行初期的传播和促进进一步发展至关重要。这些早期的创新者包括政治生态学的皮尔斯·布莱基、苏珊娜·赫希特（Susanna Hecht）和迈克尔·瓦茨；空间社会理论的大卫·哈维和多琳·梅西；全球气候变化的沃利·布罗克、马丁·帕里和史蒂夫·施奈德（Steve Schneider）；而杰克·丹格蒙德和迈克尔·古德柴尔德则是地理信息系统中早期的采用者及开发人员。通常，这些思想领袖在发展正式和非正式的联系网络与基础设施中的努力，以及他们在领导国家和国际委员会中的努力，是传播过程中的关键驱动力。

最后，在本科生和研究生教育中传播变革性的研究思想是非常重要的，其中有天赋的教育工作者往往起着主导作用。我们可以很容易地看到创新者或早期采用者作为导师向学生传播知识，这些学生不仅采用了导师的研究范式，并且为范式的进一步发展做出了贡献。科波克和林德（Coppock and Rhind，1991）在研究地理信息系统兴起过程中个人、政府和商业部门之间的相互作用时指出，哈佛大学计算机图形学实验室缺乏教学计划，直接导致了加入该领域的新鲜血液的减少，甚至可能缩短了该实验室的运营寿命。

5. 支撑体系的重要性

变革性研究的发展和早期应用明显依赖于资源。政治生态学和空间社会理论依赖于传统的学术研究资助项目、基金会以及国际发展基金。机构体系在环境遥感、地理信息系统和全球气候变化中发挥着作用。对于环境遥感而言，美国国家航空航天局对于他们机构之外的科学家的资金支持尤为重要。为了支持地理信息系统的研究或使用，学者们从美国国家科学基金会（特别是 GSS 项目）、教育和人力资源局以及计算机和信息科学与工程局的项目中获得了资金。美国国立卫生研究院和国家地理空间情报局（National Geospatial-Intelligence Agency）等机构也为地理信息系统研究提供了资金支持。全球气候变化研究受益于政府和基金会的有针对性的资助计划。政府间气候变化专门委员会虽然没有着手进行基础研究，但为广泛的研究网络、研究成果的汇总与传播提供了一个持续的平台。此外，政府对变革性研究的关键性支持还以资金资助以外的形式提供。例如，政府机构雇用从事遥感、地理信息系统和全球气候变化问题的科学家与工程师，这最终提高了从事这些研究的人员的多样性，使科学得以延续，并为地理科学的毕业生提供就业机会。美国人口调查局为空间社会理论和地理信息系统研究提供了现成可用的数据，Landsat 卫星为环境遥感研究提供了数据，美国国家海洋和大气管理局的天气与气候数据为全球气候变化研究服务，凡此种种可获取的数据对这些变革性研究领域的发展和传播的贡献是无价的。空间社会理论、环境遥感和地理信息系统研究领域都得益于协调的、长期的"大科学"支持。而政治生态学的发展也已经证明，并非地理科学中所有的变革性研究都必须涉及"大科学"这一层面。

四、结 论

1. 技术推动还是市场拉动？

是什么最终驱动了上述变革性研究领域的萌芽和成功？如前所述，创新和传播之驱动的特点通常是技术推动的（即发明者意识到新创造和开发的技术或想法拥有巨大需求并有可能被广泛采纳）或市场拉动的（即创新是为了满足特定的需求）。在本章讨论的所有案例中，这两个因素都在不同程度上发挥了作用。遥感和地理信息系统乍一看像是技术推动的范例。然而，这些领域都是为了满足政府机构最初的需求而发展的。"二战"后早期的遥感发展大多是在防御背景下进行的，而地理信息系统的起源则是罗杰·汤姆林森为了应对加拿大政府的资源与规划要求。同样，政治生态学和空间社会理论的发展是为了回应农村发展模型的不足，以及基于传统经济学的新古典范式和实证主义的社会科学范式的社会与城市理论的不足。也可以说，这两个领域的发展更像是回应发展中国家和发达国家之间社会与经济地位的差异。通常，在地理科学领域，变革性研究往往是为了应对广泛的需求而发展的，这些需求超越了子学科、个别学科和学术界，并扩展到更广泛的全球社会影响。

如果需要用一个强有力的案例来说明变革性的研究倡议最初是由技术推动产生的，那就是全球气候变化。早在实证证据表明气候发生改变之前，以及在政府和公众对气候变化影响的广泛关注之前，科学家们就基于许多观测结果和高性能计算的模型预测了气候变化的可能性。事实上，政府、机构和公众目前对气候变化的关注更多的是针对21世纪后半叶的科学的预测情况，而不是目前的状况。然而，这项研究在众多学科产生应用，并直接解决着全球层面的社会问题。

2. 进化还是革命？

本章的案例表明，变革性研究并没有以一种快速革命的方式在地理科学中萌生并占据主导的地位。相反，从创新的萌生到广为人知，需要几十年的光阴。这使得创新者、早期采用者、早期支持者可能并不能很快地看到他们所推崇的研究范式广受欢迎，因此他们在创新之时承担着风险。当前的政治生态学和地理信息系统的源头可以说是最具有革命性的，它们分别起源于20世纪60年代和70年代；而环境遥感和全球气候变化研究的科学史可以追溯到一个多世纪以前。然而，更具体的历史界限并不明显。政治生态学背后的生态和政治概念可以追溯到19世纪，而地理信息系统与制图学（一门古老的学科）和20世纪50～60年代的地理科学计量革命有很深的根源。全球气候变化的研究范围早在20世纪70年代就已经和现在一样非常广泛，尽管对温室气体效应的科学推测出现得更早。这些变革性的研究领域都以先前的研究和技术为基础，然后开启了各自的变革历程。参与和支持地理科学中现有研究领域对于回答科学与社会问题非常重要，但这同时也为变革性研究的产生提供了基础。同时，在这些参与和支持的过程中，会伴有对新概念、新方法的探索，尽管这些新概念、新方法是否会成功一时并无定论。从某种意义上说，探索新概念、新方法存在着双重风险：新的方法和技术在进行测试时可能并不总是有效，或者可能需要比预期更长的时间来充分开发，也可能需要几年时间才能看到成功案例的充分传播和采用。然而，如果不进行创新研究，或不愿意坚持不懈地推进和推广，那么，发展将停滞不前。

3. 哪些类型的研究可能会是变革性的？

变革性创新的特点各不相同。遥感和地理信息系统高度依赖于新技术的发展，如卫星、地图扫描仪、精密传感器以及强大的计算、可视化和数据存储技术。政治生态学是由批判性思想驱动的，而不是依靠技术。此外，马克思主义政治经济学的基本原理是政治生态学早期概念的根源，这些原理在这一变革性研究领域形成的时候已有一个世纪的历史了。政治生态学在对农村发展进行分析时，是以生态学相关的科学理论以及农业、土壤科学、生态学、流行病学等学科方法为基础的。气候变化研究中最初的研究者是跨学科的地球科学家，这些研究通过计算机建模进行，并与政策紧密相连。与政策相关是因为社会学家的参与，他们研究气候变化的人为原因、气候变化的后果以及可能的应对措施。同时，气体浓度和温度之观测数据的积累，也为气候变化的理论研究提供了实证支持。从方法和贡献的角度来看，地理科学中的变革性研究往往横跨了技术、自然科学、社会科学和政策等领域。

4. 变革性创新者的早期识别

与商业和技术领域的经验相一致，很难识别可能产生变革性研究想法的个体特征。本章引用的例子涉及了单独的学者、学术小团体、大型研究社团。创新者从不同的背景、通过不同的路径来到了地理科学领域。例如，在他们早期的研究生生涯中，大卫·哈维和罗杰·汤姆林森有着完全不同的研究兴趣。虽然罗杰·汤姆林森是一位受过学术训练的地理学家，但他在进行变革性研究时，是在企业和政府部门工作。布莱基和瓦茨是拥有博士学位的学术型地理学家，亨利·列斐伏尔和米歇尔·福柯是哲学家。哈沃德·费舍尔是一名建筑师。杰克·丹格蒙德是一名景观设计师，他的工作受到其在哈佛大学研究生学习经历的影响，而他对地理信息系统早期发展的重要贡献来自于他的私营公司 ESRI。迈克尔·古德柴尔德的教育经历则是从物理学逐渐发展到地理学。

本章讨论的五个案例研究的一个共同点是，创新者的工作范围远远超出了学科或学术限制。很多思想碰撞是在与不同学科或政府机构和企业的接触中获得的。能够接触到各种各样的观点、想法和研究需求至关重要，并且应该大力发扬。更难的是识别出能够进行变革性研究创新的个体。此外，创新者和早期开发人员通常在已有的学科中有着深厚的基础与天资。他们不仅善于通过出版物进行交流，并通过有说服力的沟通来寻求支持，而且他们还坚持不懈地推进变革性研究议程。

5. 传播与发展的有效模式

这里提及的所有变革性研究领域都得益于早期面对面的会议和研讨会，以及正式和非正式的研究关系网。在遥感和 Landsat 的案例中，这些交流互动主要通过政府机构进行；而在政治经济学和空间社会理论方面，这些互动主要发生在传统的学术场所，如会议、研讨会和师生交流。在一些案例中，专业期刊的帮助很大，特别在环境遥感和全球气候变化的案例中。尽管地理期刊和政治经济学期刊确实对这些领域的发展起到了作用，然而专业期刊对于政治生态学或空间社会理论是否至关重要仍有争议。在所有案例中，精力充沛、具有说服力的创新者和早期采用者都是必不可少的。

研究资助和成果传播机制对所有领域都至关重要。对于遥感和全球气候变化领域而言，大规模的资金资助使得这些领域快速成长，研究团队的规模快速增加。地理信息系统的发展则是一种混合模式：与遥感和全球气候变化领域相比，美国国家科学基金会等机构对地理信息系统的资助并不多；但来自企业的大量投资促进了地理信息系统技术的推广以及地理信息系统研究成果的传播。在政治生态和空间社会理论领域，尽管资助水平更低，但对这些领域的成长和应用也起了重要作用。

在所有这些变革性研究的历史中，一个至关重要的因素是开放式创新模式的力量。开放式创新模式有利于反馈交流，并能使传播和进一步开发相互协同。研究政治生态学和空间社会理论的学者们通常组成非正式的学术网络，这些网络无疑帮助了这些领域的早期发展。美国人口调查局的数据、军事遥感技术的解密、针对全球遥感的开放天空政策、免费提供的 Landsat 卫星和 MODIS 数据、美国国家海洋和大气管理局开放的气候数据库、政府间气候变化专门委员会的广泛性和开放性，以及这些报告和数据的在线传播，都加速了变革性研究。美国国家科学基金会、美国国家航空航天局、美国国家海洋和大气管理局以及其他美国政府机构通常要求其资助的研究在完成之际及时公开数据，这为在地理科学中传播和进一步发展变革性研究提供了重要驱动力。

6. 整合：变革性研究的秘诀

综上所述，本章五个案例研究表明，地理科学中变革性研究出现在如下时机：当有天赋的人员接触到不同的研究视角和方法，并解决了多学科和具有社会重要性的问题之时。促成这样创新的经验包括与其他学科的研究者合作以及与学术界以外领域的人员合作。这些人能够预见新研究工具、新研究方法的发展，或现有工具和方法的新应用。他们知识渊博，并充分利用了地理科学领域内外的研究成果。他们支持初期研究，并支持不断增长的网络化群体对研究进行改进和传播。这些研究人员和他们发展的学术网络包括地理科学背景的科学家，也包括其他不同学科背景的研究人员。充满活力和有号召力的创新者及早期采用者，在变革性研究的完善和传播中发挥了关键作用。虽然很难概括出创新者和关键的早期采用者或传播者的个体特征，但除了智力和想象力以外，以下四大特征似乎很明显：

(1) 对他们所在的领域具有深入的了解；

(2) 能够勇敢地面对因改变研究范式而带来的风险；

(3) 具有写作能力和有说服力的沟通能力；

(4) 坚持不懈。

第三章 当前背景

地理科学的变革性研究兴起于联邦及各州大力投资科学和美国高等教育系统的时代。自第二次世界大战以来,政府作为研究成果的资助者和市场参与者,对地理科学中新科学和新工程知识的发展起了重大作用(第二章)。在重大经济衰退和国际政治冲突交织的背景下,60多年来的研究经费是新思想生根、发芽的母体。尽管很难对这60多年来经费支持进行反事实分析(counter factual analysis)①,但第二章回顾了地理科学领域五大变革性研究的案例,剖析了它们的影响。

现今呼吁增加对变革性研究的支持,不仅仅是因为它所代表的实践(例如,科学是如何进行的;参见第一章),同样重要的原因是,解决当今最具挑战性的问题需要相当大尺度和范围的方法。这令人想起战后早期几十年,在那个资源稀缺、优先权不断变化的时代,资助者需要在相互竞争的未来愿景中做出选择,包括从保护现有的项目组合到将资源转向革命性的问题解决方案的过程中涉及的种种细节(PCAST,2012)。

本章在更广泛背景下进行讨论,强调了现今的背景与第二章中讨论的许多变革观念扎根的背景如何完全不同。不断变化的背景为第四章提供了重要的内容,委员会在该章节中将讨论可能的建议。因此,本章侧重于讨论变革性研究作为目前美国经济推进剂的重要性。追溯地理科学领域的知识发展,突出了变革性知识的作用,这

---

① 这是归因分析的一种方法。——译者注

些知识不仅促进了地理科学的创新，而且通过概念、方法和技术溢出，为更广泛的科学界提供了信息。地理科学领域本质上是跨学科的，包括物理、社会科学、人文学科，同时利用了涵盖从实验科学到调查的实践范围，以及利用计算机算法描述书面文字的内容、结构和含义。

本章分为四个部分。第一部分探讨了正在重塑的当前研究环境下的变革力量，包括基础研究和高等教育资助的变化。第二部分考察了人口统计学的变化，这些变化正在改变本科生和研究生阶段对高等教育的需求。在第三部分中，国际经济的发展凸显了美国在研发（R&D）方面曾经无可匹敌的地位正在面临的挑战。正如第四部分所示，发展中国家正在利用由数十年强劲的国民经济增长所带来的资助能力，并遵循明确的追赶战略，积极探索前沿技术。美国的高等教育体系不再独树一帜，虽然曾经如此。中国、印度、韩国和新加坡（这些国家是首批打开国门走向世界的国家）正在建设世界一流的教育体系，每年培养成千上万受过最新技术培训的大学毕业生。这些国家实行有利于进口替代、工业目标和战略性基础设施投资的政策，正在为历史长期形成的全球研发职能的地理集中提供可行的替代方案。

总而言之，委员会认为美国研究企业目前面临以下四个挑战。

挑战1：在短期内联邦研发资助水平有可能下降，或者最多保持不变。现有项目和机构对稀缺资源的竞争将不利于变革性创新的发展。

挑战2：州级层面的研发资助水平在经过30年的增长后，如今已趋向稳定，甚至开始回落。

挑战3：根据人口统计数据，近期接受本科教育的人口比例较小。而对研究生教育的热捧，则是大学生欠债、不景气的薪资水平以及不确定是否对深造继续投资之共同作用的结果。

挑战4：为吸引研发投资，发展中国家正在建立能够培养熟练劳动力的教育系统，这已成为美国的研发体系和高等教育的竞争对手。

接下来的四节将讨论这些挑战，并为最后一节提供背景。在最后一节中，委员会探讨了变革性研究在应对这些挑战方面的潜在作用，并可能有助于减轻这些挑战。因此，委员会认为变革性研究，包括广泛的变革性研究，特别是地理科学的变革性研究，是对当前发展的一种进化反应。

变革可能一直是美国研究界的特点。在第二章中，委员会记录了地理科学五个领域的变革历史。从这个角度来看，委员会认为，通过系统性的努力，呼吁新的变革性研究，有可能应对这四项挑战构成的威胁。

一、美国知识生产体系：50年之作

变革性研究是美国研发和高等教育体系相互关联的标志（Council of Graduate Schools and Educational Testing Service, 2010）。美国现代研究机构始于50多年前，源于联邦与私人部门对旨在赢得"二战"胜利的科学和技术的投资（Adams, 2009; NSF, 2002）。这些努力激发了更深远的实验，并释放了技术发展的新轨迹（Dosi, 1982），产生军事和商业应用，并在过去60年取得了丰硕的成果。

在战争期间以及战后，大部分的研究工作转移到大学（NRC, 2013）以及政府附属的研究中心和实验室。开展大规模的研究项目需要前所未有的受过科学和技术培训的劳动力。在第二次世界大战期间（和之后），全国各地的关键地点都建立了研究实验室（NRC, 2013）。为了满足国家和世界的需要，军方在大学和研究实验室投入巨资。"二战"结束后不久，许多这样的实验室被重新组合，并经常分散到新的地点。这种类型的扩散支持了美国研究型大学（NRC, 2013）的战略和创新研究能力的发展，并促使产业集群和综合体的形成，产生了远远超出原始刺激的自主创新。

有超过100所一类研究型大学以及另外99所学院和技术学校被指定承担高强度研究工作，包括41个联邦政府资助的研发中心和15个国防资助的大学附属研究中心（Carnegie Foundation，1973），国家创新基础依靠这些机构培养的人力资本和创造力来生产新的想法与能力。

二、研发经费水平下降

1. 联邦视角

加强国家对变革性研究重视程度的要求在日益上升，例如来自美国国家科学委员会（NSB，2007）的呼吁。但与此同时，近期联邦政府用于研发的资金（以美元计算）和占国内生产总值（Gross Domestic Product，GDP）的百分比均明显下降（图3-1）。2009年《美国复苏和再投资法案》（*American Recovery and Reinvestment Act of 2009*）授予的反周期资金减轻了最近经济衰退最糟糕的影响，撇开这些资金的作用，美国国会预算办公室（Congressional Budget Office，CBO）的估计表明，"自2009年以来，联邦实际研

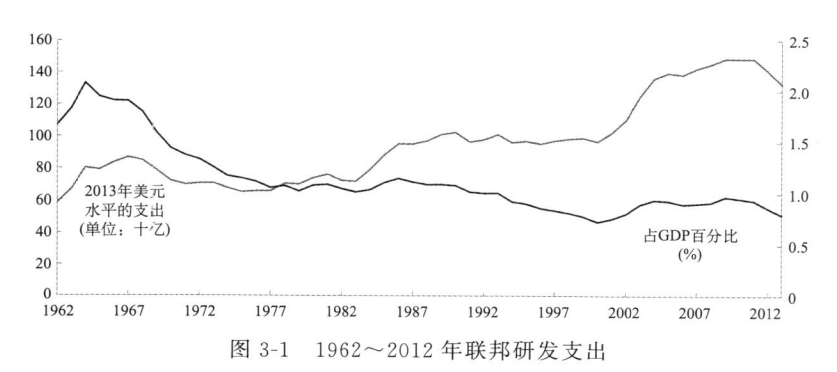

图3-1　1962~2012年联邦研发支出

注：深色线表示研发支出占GDP的百分比（右侧y轴），浅色线表示2013年美元水平的总支出（左侧y轴）。

资料来源：CBO，2014。

发支出下降了约 10%"（CBO，2014，p. 10）。

近几十年来，联邦政府在资助研发活动方面的角色与世界其他国家截然不同。以研发经费占 GDP 的比例来衡量，与前几十年相比，美国正处于一段紧缩时期（图 3-2）。伴随着全球新竞争对手的崛起，它们正将更多的 GDP 投入到研发活动中。从 20 世纪 90 年代末开始，美国的研发强度已经被许多国家或地区的经济增长趋势超过，其中最显著的是中国大陆、韩国和中国台湾（图 3-2）。

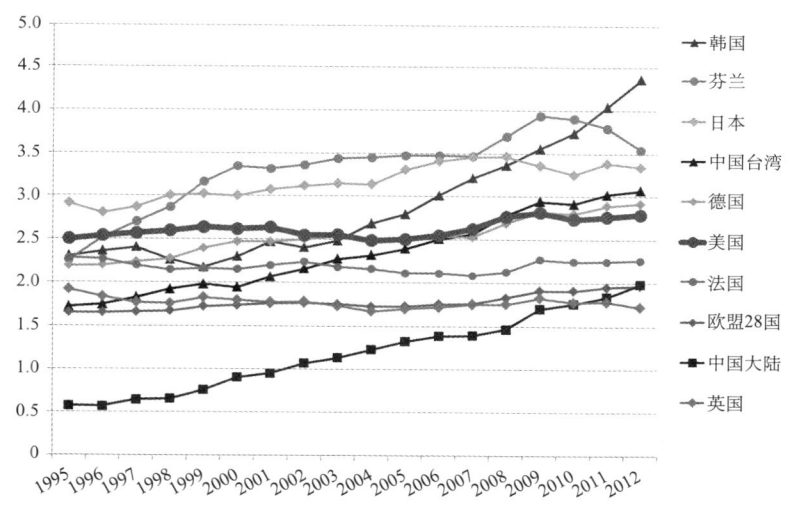

图 3-2 部分国家和地区的研发强度（研发投入占 GDP 百分比）

资料来源：AAAS，2014。

自 20 世纪 80 年代以来，联邦政府对学术领域研发资助水平的波动表明，医学领域的资金越来越集中（图 3-3）。相比之下，用于社会科学的资金份额仍然很小，而且基本持平。虽然地理科学已经通过与其他学科的合作获得了有效的支持，但事实仍然是，社会、行为经济学是国家科学基金的"看家"项目。

在过去，联邦一级的经费削减通常会引起大学、政府研究中心和非营利研究机构的反应，通过扩大资金来源和重新规划项目填补

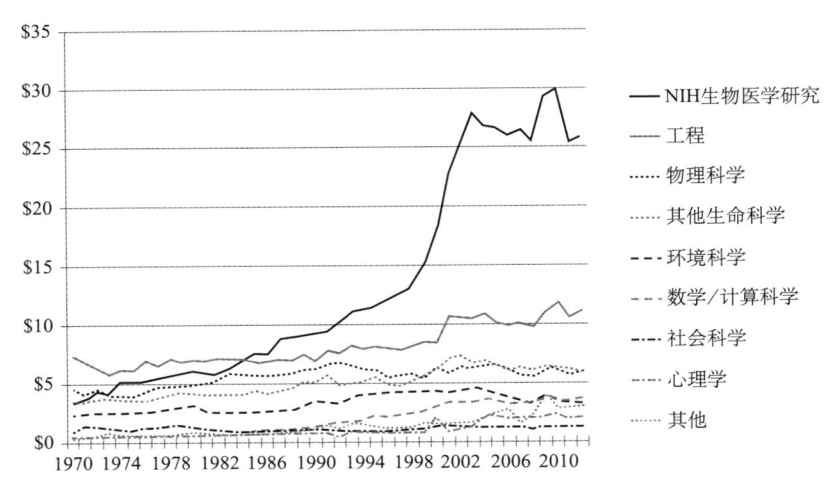

图 3-3　1970～2012 年各学科联邦研究资助的变化趋势（按 2014 年不变价美元）

资料来源：AAAS；http://www.aaas.org/sites/default/files/Disc_0.jpg。

资金缺口（Douglass，2010）。但过去十年的研发资金缺口无法通过对当前运营预算的增量调整来弥补。大学研发支出增长的一个主要因素是运营成本，越来越多的大学不得不用自己的资源来支付运营成本。大学的研发支出占总研发预算的比例从 20 世纪 70 年代初的 12% 上升到现在的 20% 左右（Howard and Laird，2014；表 3-1）。教师的启动经费和实验室基础设施通常不包含在研究资助之中，因此，这些缺口需要大学捐赠基金和其他可自由支配的资金来源进行弥补（Dorsey et al.，2009）。但由于大学从其他来源（包括州政府）获得支持时会受到限制，这种模式正受到质疑。

表 3-1　按经费来源划分的研发支出占各机构全部研发支出的比例

财政年度	所有研发支出	联邦政府	州和本地政府	私营企业	机构基金	其他来源
1956	100%	57.3%	14.2%	7.8%	11.6%	9.1%
1966	100%	73.5%	9.1%	2.4%	8.6%	6.3%

续表

财政年度	所有研发支出	联邦政府	州和本地政府	私营企业	机构基金	其他来源
1976	**100%**	**67.4%**	9.8%	3.3%	**12.0%**	**7.6%**
1986	100%	61.4%	8.4%	6.4%	17.1%	6.7%
1996	100%	60.1%	7.9%	7.0%	18.1%	7.0%
2006	100%	62.9%	6.3%	5.1%	19.0%	6.7%
2012*	100%	61.0%*	5.6%*	5.0%*	20.8%*	7.6%*
2012+	**100%**	**59.5%+**	5.8%+	5.2%+	**21.6%+**	7.9%+

＊包括根据 2009 年《美国复苏和再投资法案》（ARRA）一次性拨付的 24 亿美元补充资金。

＋不包括 ARRA 拨付的资金。

资料来源：Council on Government Relations，2014。

2. 各州视角

加强国家进行变革性研究的能力需要三个政府管辖区之间的合作：地方、州和联邦。虽然传统上由联邦政府提供资金来支付研发费用，但各州通过建立和维持国家高等教育体系，已经承担了人力资本形成的大部分成本。尽管最近州级资助在减少，但州立教育机构仍然在承担高等教育中 3/4 学生的教育工作（Oliff et al.，2013）。

各州预算的限制对大学的运行影响深远。各州对高等教育的支持处于 30 年来的最低水平。州级高等教育相关开支占比从 1975 年的 60% 降到了 2010 年的不到 40%。此外，政府对学生的支出水平在下降，但公立高等学校的学费急剧上升（图 3-4、图 3-5）。

随着经济缓慢复苏，一些州继续削减高等教育开支，而另一些州则开始为高等教育补充资金，但很少有人预计会回到 21 世纪初的水平（Oliff et al.，2013）。现在人们普遍关注学生和家庭对高等教育负担能力的下降。高等教育机构预算明显缺乏透明度，这加剧

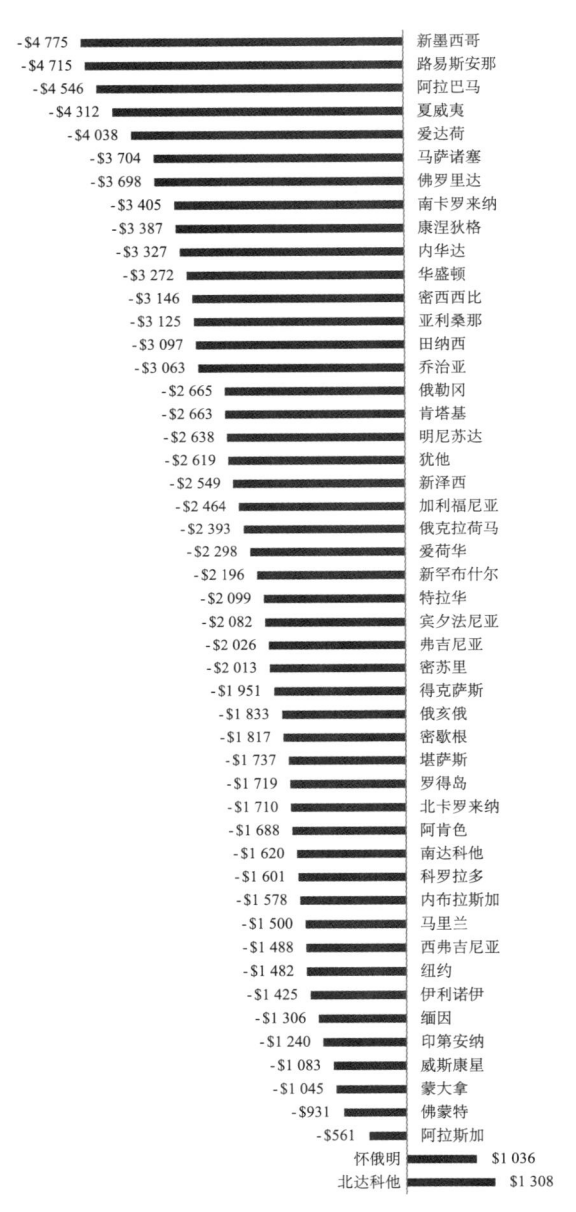

变动额	州
-$4 775	新墨西哥
-$4 715	路易斯安那
-$4 546	阿拉巴马
-$4 312	夏威夷
-$4 038	爱达荷
-$3 704	马萨诸塞
-$3 698	佛罗里达
-$3 405	南卡罗来纳
-$3 387	康涅狄格
-$3 327	内华达
-$3 272	华盛顿
-$3 146	密西西比
-$3 125	亚利桑那
-$3 097	田纳西
-$3 063	乔治亚
-$2 665	俄勒冈
-$2 663	肯塔基
-$2 638	明尼苏达
-$2 619	犹他
-$2 549	新泽西
-$2 464	加利福尼亚
-$2 393	俄克拉荷马
-$2 298	爱荷华
-$2 196	新罕布什尔
-$2 099	特拉华
-$2 082	宾夕法尼亚
-$2 026	弗吉尼亚
-$2 013	密苏里
-$1 951	得克萨斯
-$1 833	俄亥俄
-$1 817	密歇根
-$1 737	堪萨斯
-$1 719	罗得岛
-$1 710	北卡罗来纳
-$1 688	阿肯色
-$1 620	南达科他
-$1 601	科罗拉多
-$1 578	内布拉斯加
-$1 500	马里兰
-$1 488	西弗吉尼亚
-$1 482	纽约
-$1 425	伊利诺伊
-$1 306	缅因
-$1 240	印第安纳
-$1 083	威斯康星
-$1 045	蒙大拿
-$931	佛蒙特
-$561	阿拉斯加
怀俄明	$1 036
北达科他	$1 308

图 3-4　2008～2013 年各州学生人均年支出变动（扣除通胀因素）

资料来源：http://www.cbpp.org/cms/?fa=view&id=3927。

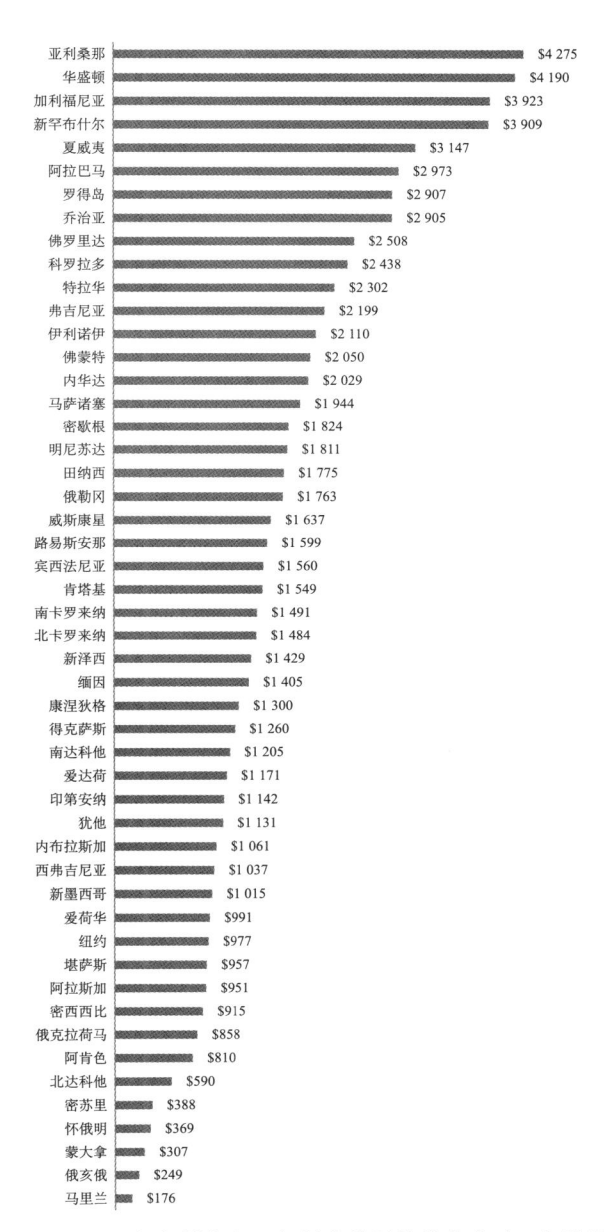

州	金额
亚利桑那	$4 275
华盛顿	$4 190
加利福尼亚	$3 923
新罕布什尔	$3 909
夏威夷	$3 147
阿拉巴马	$2 973
罗得岛	$2 907
乔治亚	$2 905
佛罗里达	$2 508
科罗拉多	$2 438
特拉华	$2 302
弗吉尼亚	$2 199
伊利诺伊	$2 110
佛蒙特	$2 050
内华达	$2 029
马萨诸塞	$1 944
密歇根	$1 824
明尼苏达	$1 811
田纳西	$1 775
俄勒冈	$1 763
威斯康星	$1 637
路易斯安那	$1 599
宾夕法尼亚	$1 560
肯塔基	$1 549
南卡罗来纳	$1 491
北卡罗来纳	$1 484
新泽西	$1 429
缅因	$1 405
康涅狄格	$1 300
得克萨斯	$1 260
南达科他	$1 205
爱达荷	$1 171
印第安纳	$1 142
犹他	$1 131
内布拉斯加	$1 061
西弗吉尼亚	$1 037
新墨西哥	$1 015
爱荷华	$991
纽约	$977
堪萨斯	$957
阿拉斯加	$951
密西西比	$915
俄克拉荷马	$858
阿肯色	$810
北达科他	$590
密苏里	$388
怀俄明	$369
蒙大拿	$307
俄亥俄	$249
马里兰	$176

图 3-5　2008~2013 年各州公立四年制大学平均学费变动（扣除通胀因素）

资料来源：http://www.cbpp.org/cms/?fa=view&id=3927。

了公众对大学领导人是否有能力充分解决成本上升对家庭和学生造成影响的质疑（Brand，2014）。

三、大学生人口结构的变化

高等教育的供给和需求显示，由于从高中到大学再到研究生院的过程中人数不断减少以及研究生教育负担能力的下降，本科和研究生阶段的学生数量日益减少（Carnevale et al.，2010）。较小的群体、较高的教育成本和较差的劳动力市场表现，造成了准备好接受和能够接受并维持高等教育体系的预期人数的不稳定。

虽然公众对高等教育负担能力的担忧凸显了本科生的困境，但国家科研机构从根本上依赖研究生来填补课堂、履行教学职责和开展科研项目。因此，负担得起的本科教育和能够被研究生院录取的本科生候选人之间存在着关联。

大学生的数量不再取之不尽，用之不竭。如今，攻读研究生学位的学生人数是否持续增长还远未确定（图3-6）。研究生入学人数下降的事实被不断涌入美国大学攻读研究生学位的临时居民所掩盖（图3-7）。要了解这些趋势，需要将攻读研究生学位的学生分为两组：一组是美国公民和永久居民，另一组是临时居民。

据美国研究生院理事会（Council of Graduate Schools，CGS）报道，2012年秋季至2013年秋季期间，首次入学人数增长了1.0%。尽管首次入学人数有所增加，但在2012年秋季至2013年秋季期间，研究生入学总人数下降了0.2%，而前一年下降了2.3%。2013年秋季，研究生入学总人数约为170万。虽然美国公民和永久居民的首次入学人数减少了0.9%，但临时居民的首次入学人数增加了11.5%，足以使整体研究生人口增长率变成正值。2013年秋季，临时居民占美国研究生新生的1/5（Allum，2014）。

硕士和博士入学人数的增长趋势缓慢，需要高等学位的高等教

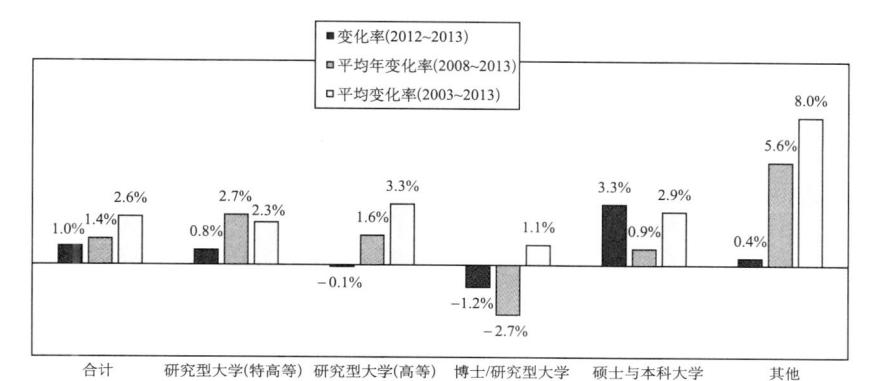

图 3-6　2003 年秋季至 2013 年秋季按卡内基高等教育
机构分类的首次研究生入学趋势

资料来源：Allum，2014。

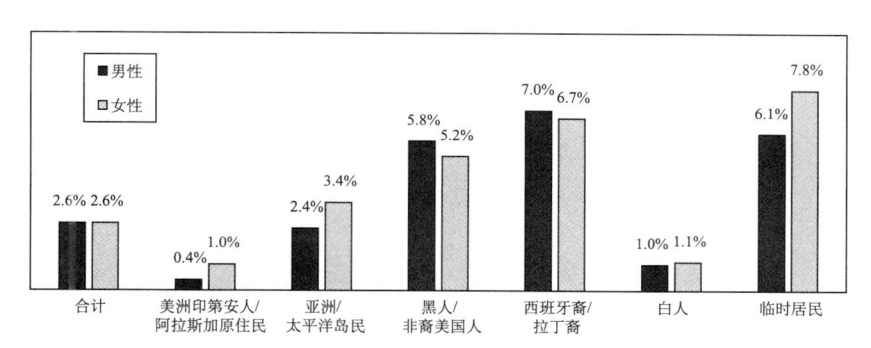

图 3-7　2003 年秋季至 2013 年秋季按国籍、种族/民族和性别划分的
首次研究生入学的年平均百分比变化

资料来源：Allum，2014。

育职业的增长速度同样缓慢下来。在美国劳工统计局（Bureau of Labor Statistics，BLS）2010～2020 年预计职位空缺数据的评估中，美国研究生院理事会的报告称，就业增长将不足以吸纳未来十年的合格候选人数量（Allum，2014）。学术生涯不再像过去那样有吸引力，大学经常被指责使用兼职授课职位来替代高成本的全职终身职

位。该理事会的分析进一步表明，劳工统计局的数据低估了劳动力市场上现有的研究生学位数量，从而低估了未来十年毕业生对工作的需求（Bell，2012）。

四、研发与高等教育在全球市场的竞争

有见识的观察家指出，美国正在进入一个时代，在这个时代里，先前对发现的投资所带来的经济刺激正在减少——这个时代被称为技术统计时代（The Economist，2013a）。这一观点并不仅受流行作家和偶尔出现的非传统学者的支持，也充斥在政策经济学家和商界领袖的对话中（Gordon，2014；Howard and Laird，2013；Porter and Rivkin，2012；Summers，2014；Summers and Balls，2015）。撇开原因不谈，许多经济学家认为，美国伟大的创新机器已经进入中年，相对于更年轻、更灵活、新兴工业化的机器，它正在放缓脚步（Summers and Balls，2015；The Economist，2013b）。要求遵循新方向的呼声正在对现状发起挑战，现有体系的受益者力求墨守成规，而下一代学者和实践者则主张支持科学领域的转型实践与新兴模式。这种做法带来的影响包括"其他国家的崛起"（the rise of the rest），这是已故的爱丽丝·阿姆斯登（Alice Amsden）创造的一个短语，用来承认新兴工业化国家的作用及其对世界不断增长的研发能力的贡献（Amsden，2011）。她和其他人一起谈到了企业研发地理结构的出现以及由此产生的供应链，这些地理结构锚定了一种新的创新地理，这种创新建立在变革性的研究实践和新的探究模式之上，远远超出了以前认为可能的范围。

越来越多的证据表明，全球化的力量正在促成新的创新场所的形成，而这些创新场所反过来又推动发达国家和发展中国家之间创新能力的平衡（Matthews，2014）。来自中国、印度和韩国的例子表明，这些国家正在借鉴宏观经济学、有针对性的产业投资、风险

融资和人力资本等方面的经验教训，以形成不可替代的自主创新模式。那些经济增长率高且持续的国家，背后往往有着强有力的、经过考验的、由国家主导的发展政策支持，这些国家追求更好的全球领导地位，拥有越来越丰富的竞争资源（以人力资源或资本流动的形式）（Amsden，1992）。继而，这些国家被视为朝着建立支持变革性研究系统的目标发展（图 3-8）。

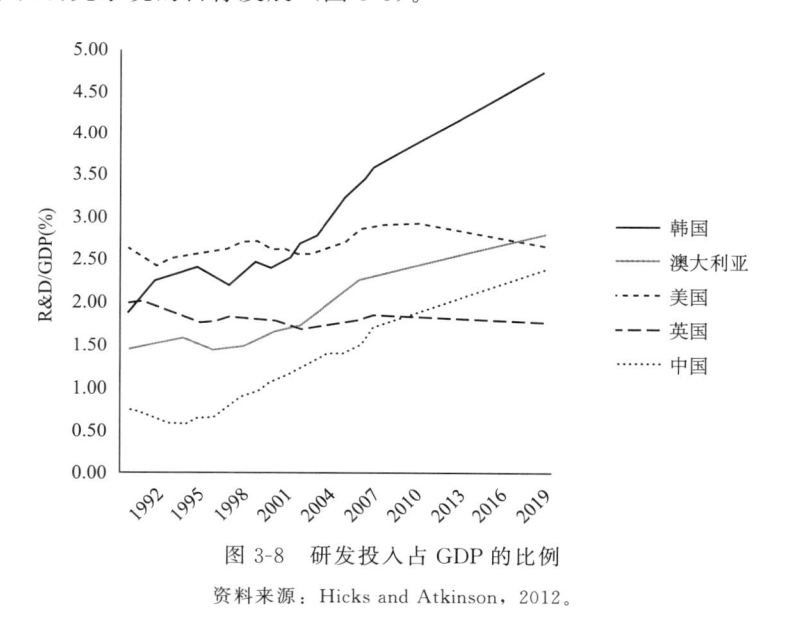

图 3-8 研发投入占 GDP 的比例

资料来源：Hicks and Atkinson，2012。

世界各国都在建立自己的高等教育体系，采取激励措施留住最优秀的学生，以填补实验室的空缺（Freeman，2013a，2013b）。全球范围内大学体系的发展，正带来全球熟练劳动力供应的惊人增长。在过去 20 年里，经历了 GDP 快速增长的国家一直在投资高等教育和研发业务。各国研发支出的对比显示，"全球南方国家"的竞争力正在增强。弗里曼（Freeman，2013a，2013b）的研究表明，中国和其他发展中国家在研发上的支出占 GDP 的比例显著增加。在学术出版物的生产方面，"全球南方国家"也在与工业化国家竞争。弗里曼进一步指出，中国在知识和技术密集型领域的增值活动中所占份额快速增长，促使高附加值产品的出口大幅增加。

因此，即使目前进入美国博士项目的外国学生数量保持不变，全球博士的数量也有可能增长。此外，如果外国学生进入美国研究生项目的速度放缓，则需要美国本土的学生来填补空缺。

企业将原本都处于美国高薪劳动力市场的研发岗位和测试岗位分开，使得对人才的需求发生了变化。为增强曾经地理位置相对固定的实验室的业务而提供支持或周期性补贴，如今这种有利条件大量存在（Markusen，1996）。现在反过来，这些相同的条件使得新的商业供应链能够在中国、印度和韩国等地形成，因为这些地方的技术成本低于美国。

今天，美国只是世界上许多可以自主进行研究的国家之一（Bremmer，2014；Porter and Rivkin，2012）。以药物开发为例，福布斯的迈克尔·赫珀（Michael Herper）报告说，开发一种新药的成本超过50亿美元（Herper，2013）。为了减少将产品推向市场的成本和时间，美国和全球制药商正在与中国及印度的合同研究机构（contract research organizations，CROs）合作，共同完成药物开发过程中关键且成本高昂的阶段。与20世纪70~90年代微电子技术的发展一样，中国已具备药物系统关键部件开发的世界级能力。

五、变革性研究的作用

在过去的60年里，对新知识的追求和科学探究的本质已经发生了根本性的变化。科学界目前正处在一个探究的时代，科学工作的规模全球化，范围多学科化，并且不受国家地理的限制。此外，当今研究背后的问题类型具有深刻而独特的性质，需要根据因果关系和由此产生的后果进行合作研究。诸如气候变化、全球粮食供应、能源安全、地缘政治冲突、战略矿产的稀缺、致命的流行病以及全球城市未来的快速城市化这些巨大的挑战，都指向一种新的科学模式。现在的领导力将来自研发绩效模式的转变。

与许多努力一样，人们对研发的评判越来越不只是简单的投入产出流，现在的重点是研究工作的结果和后果。这种交叉代表了新的需求和实践，因为创新者和早期采用者一旦以线性方式并置，就会通过这些群体之间的协同反馈来寻求新的发现。

协同是发现的新形式，它将有助于重新定义方法的概念价值，将其从原有的个体或对比角度的利益改为集体利益。随着挑战的规模和范围包含更深远的维度，问题的识别和规范变得越来越复杂。减少威胁的传播，诸如埃博拉病毒等，需要将边界跨越作为核心能力和起始条件。无论是时间还是资源，都不足以等待科学发现从未知推进到完全已知的阶段。

跨学科转化将仍然是这个协同科学时代的核心挑战之一。在过去的60年里，美国经历了不同的探索时代，每一个时代都以自己的方式提出转化和变革的挑战。现在，转化与变革的实践必须成为未来科学的核心宗旨。此外，只要英语仍然是学术界的国际语言，美国作为一个讲英语的国家就会处于优势地位。

要求重新规划国家研究产业的呼声往往与研究预算的迫切需要有关。然而，回顾过去，其他同样强大的力量已经重新定义了创新的轨迹，例如战争、灾难、影响深远的发现、新的制度实践以及医学科学扩张等社会目标。现今对变革性研究的呼吁可以理解为是这些力量的汇合。

与此同时，我们正生活在一个全球动荡的时代。20年的战争及未解决的冲突与一种国家主导的潜在的新的发展实践同时发生。今天，各国政府正在超越其地理边界，通过控制市场和商品资源等手段，谋求国家经济发展目标。中国、沙特阿拉伯等国家和地区数十亿美元主权财富基金的数量及规模越来越大，这些财富来自通过销售商品和服务赚取的外汇流量，或者从高昂石油价格获得的美元计价收入，它们正在建立新的关系模式来挑战世界银行等战后秩序，旨在全球冲突时代之后实现全球稳定和广泛进步的目标。确信符合民主理想的自由贸易将带来全球经济增长和地缘政治稳定，布雷顿森林会议之后所代表的自由主义理想至少现在面临着一些问题。自20世纪40年代末以来，发生了很多事情。最初协议的前提已经发生了变化，与世界其他地区相比，亚洲的发展挑战显得尤为突出。在中国的领导下，亚洲基础设施投资银行（Asian Infrastructure Investment Bank，AIIB）正在努力重塑全球领导角色和相关发展机制，使其更符合21世纪的伙伴关系和应对发展挑战。英国、法国、德国、意大利以及美国（不情愿地）的加入表明：布雷顿森林体系协议的最初签署国也意识到，是时候做出改变了。

在这个新兴的时代，如何管理科学研究？无论在和平时期还是冲突时期，即使为了满足社会不断变化的需要而对知识进行改造，追求知识始终不可侵犯。变革性研究应该放在今天讨论的前沿。与过去一样，语言和理解不仅超越了冲突，而且常常在社会变革时期充当转化媒介。

打破常规并不容易，而直面非常规的变革力量更具挑战性。在操作层面上，重新规划研究产业的支持者着眼于过去和当前的实践，但这仅仅是急需改变的其中一个层面，更本质的是结构性的改变，这种变革才会带来更深远的意义。推动变革性研究不单是支持更多创新的呼吁，也不仅仅是对政治意愿转向资助基础研究的回应。

科学问题及其研究工作随着外部环境的变化而改变。一个关于团队科学的新兴研究领域正在帮助我们理解有效协作中存在的一系列关键因素（Stokols et al.，2008）。科学的典型模式是，研究成果由单独的科学家提供，并在一定程度上得到研究资金的回报。这种模式正在让位于一个基于团队和小组的模式。虽然单独科学家模式没有消失，但它正在向一个公认的集体或团队科学时代发展进化。在这个时代，处于研究中的问题是复杂的，在规模上涉及整个系统。

随着对变革性研究的呼吁，或者换言之，随着对改变游戏规则的实践和深远思想的持续探索，团体科学获得的支持越来越多（Pennington et al.，2013）。在期望值下降的时期，这两种情况正在趋同和演变。经济和政治上的一系列事件提醒人们，在可预见的未来，全球领导地位是瞬息万变和稍纵即逝的。因此，要维持和加强一个国家目前的地位，就必须进行有意识和有计划的干预。

此时此刻，需要一个新的设计、理念和策略。为此，现在必须增加新的方针和必要措施，以确保随着美国自19世纪50年代以来所保持的无与伦比的地位融入全球研究产业，为实现物质和知识的变革而促进探索与创新事业的发展。

第四章 促进变革性研究

委员会使命中的三大问题在某种程度上都是回顾性的,即要求委员会审视地理科学领域的过往科学事件和研究实践。因此,第二章主要侧重于过去,旨在通过研讨会(包括相关的输入、讨论、输出、证据等)的形式直接回答使命中要求的三大问题。该章节注意到,罗杰斯的创新扩散模型为我们提供了一种有用的框架,这一框架可用于讨论变革性研究的各个阶段,并促进在各个阶段中采用新颖的概念和方法。该章节讨论了地理科学领域中五项变革性研究的范例,注意到个人在创造变革观念和观念传播中的重要性,技术和基础设施在促进变革中的重要性,在领域内和跨学科的开放式沟通及共享的重要性,以及在不同规模上提供研究资助的重要性。该章节得出地理科学学科长期具有变革性特点的结论,并为如何传承和巩固这一特点提出了若干建议。

第三章回顾了美国当前高等教育和研究机构的状况,这些回顾将作为讨论如何促进变革性研究的重要基础材料。通过回顾发现,自第二次世界大战以来,大学在基础研究中所起的作用面临四大挑战。而如果大学的这一作用被削弱,整个美国的经济都会受之影响。因此,第三章强调了基础研究的重要价值,尤其是变革性思想的价值,并援引了美国研究的主导地位可能正在萎缩的警告。

在此背景下,第四章讨论委员会使命中第三个问题的第二部分:如何在地理科学中促进变革性研究?第二章发现,变革性研究曾经对地理科学产生至关重要的影响。第三章认为,在高等教育面临严峻且前所未有的挑战时,变革性研究对美国经济至关重要。在本章中,委员会认为在美国国家科学基金会制定未来方案时,它将有助于指导 GSS 项目。

在本章中,委员会假设大家是倾向于促进变革性研究的。当然,也有充分理由反对这种做法。变革性研究风险高,要求评审者接受以下可能的情况:不完整的研究计划;对结果极大的不确定性;得到负面结果甚至研究失败。一份变革性研究的项目申请书几乎不可避免地要求评审者在很大程度上信任项目申请者,并且在某些情况下可能会使项目资助机构面临新闻媒体、政府、其他研究者的负面评论。在社会科学中尤其如此,因为这些学科会定期地受到美国国会的严格审查(Lempert,2013)。以零和竞争视野来看,将资金用于支持变革性研究可能会对传统研究产生不利的影响。尽管如此,美国国家科学委员会(NSB,2007)的报告中援引了美国国立卫生研究院院长强烈支持变革性研究的观点。类似观点也在第一章中多处提及和引用。

本章的结构如下:首先,通过进一步强调批判性、独立思考的重要性,实现长期鼓励学生进行变革性研究的可能性;其次,讨论地理科学中的研究文化以及如何将其变得更有利于变革性研究;再次,讨论学术职业发展中由传统做法引起的问题;最后讨论研究经费的资助规则。

一、教育领域的倡议

根据美国国家科学委员会报告中的定义,变革性研究必须"挑战"或"快速地改变"现有的思想、实践或概念。因此,它触及教育中的一个核心困境:一方面需要向学生教授领域内公认的知识,另一方面需要鼓励学生进行批判、怀疑和独立思考。批判、怀疑和独立思考要求学生具有自信以及挑战老师和他人的意愿,要求老师及他人能够接受一定程度的不适应。这在有些文化背景中容易，而在有些文化背景中并不简单。例如，中国传统文化中的儒家思想鼓励尊重前辈，可能并不鼓励年轻人的独立思想，这点可详见宫鹏（Gong，2012）关于儒家思想对中国科学影响的详细讨论。在欧洲的学徒制度中可能也缺少批判、怀疑和独立思考。在学徒制中，师父通过密切的甚至一对一的方式将他们的知识和技能传授给徒弟。社会所需要的可能是一种新的学徒制，这样的学徒制鼓励徒弟挑战师父并定量化挑战的程度，当然，这会让师父在心理上感到不适。

在教学方法领域，最近的研究兴趣是基于发现的学习或以学生为中心的学习。这种学习方式为解决上述困境提供了一种可能的方法。在学习方式中，学生不是被指导而是被鼓励去从头开始做实验和构建知识；教师的角色侧重于促进而非指导。这一想法可以用一句话［通常归功于本杰明·富兰克林（Benjamin Franklin）；但也可以追溯到其他人，包括中国古代的哲学家荀子］简洁地概括："告之，忘之；教之，记之；融之，习之"（Tell me and I forget. Teach me and I remember. Involve me and I learn.）虽然这些想法已经在教育系统中获得了关注，但鼓励学生批判地、创造地和独立地思考依然难以实现。如果所有知识都必须基于发现获得，那么，基于发现的学习将是低效耗时的。我们可以回想伯特兰·罗素（Bertrand Russell）的故事：当他第一次了解到欧几里得公理时持怀疑态度，但最终了解到只有认同才能继续下一步后，他不情愿地接受了公理（Russell，2009）。

地理科学如何通过教育过程鼓励批判性思维？由于在美国的小学和中学教育中几乎不存在地理课程，许多地理科学家都是在大学一年级之后才接触地理这门学科。因此，从某种意义上而言，学生接触地理学科时还没有受到既定思维方式的影响。与此同时，地理科学拥有独特的视角，即强调在时空框架下耦合人与物理过程，这可能会鼓励学生对他们从其他学科中习得的知识进行批判。

正如苏珊·汉森（Susan Hanson）在研讨会上发表的主题演讲中指出的那样，美国富有生产力的部分原因是它"复杂、充满活力、多元化、分散化、竞争激烈、精英化和创业化"。如果想促进学生进行变革性研究，地理科学领域的教育工作者需要在教学中强调相似的因素（尤其是前三个）。

美国国家科学基金会有若干项目和一个董事会——教育与人力资源（Education and Human Resources，EHR）董事会负责科学、技术、工程和数学（STEM）教育，尽管这些努力的规模不可避免地小于整体美国对教育投资的幅度。在"本科生研究经验"（REU）和"教师研究经验"（RET）项目的支持下，GSS项目计划接收项目申请书并同EHR董事会及其他董事会共同参与制定其他类型的资助，从而支持各级地理教育。这些资助给予学生宝贵的实验室和研究经验，让学生接触到科研规划和管理并学习科学研究方法，同时通过激发研究中所需要的批判、创造、独立思考从而促进变革性研究的培育。正如在第二章中所言，通过追踪具有魅力的、善于启发学生的导师对学生的影响并不困难，而学生往往能够促进甚至促成变革性研究。

然而，许多学生只能在没有获得这类可能在其未来生涯中激发变革思维的研究经历的情况下完成毕业。为解决这一问题，可鼓励PI在他们的项目申请书中涉及甚至强调相关事项，例如：

（1）该项目申请书所资助的学生将如何以及在何种程度上接触到变革性研究的概念？

（2）该项目申请书所资助的学生将如何以及在何种程度上鼓励批判地、创造地、独立地思考？

（3）学生将如何以及在多大程度上体会到地理科学中变革性研究的性质和影响？

（4）将如何以及在多大程度上鼓励具有其他学科背景的学生学习和应用地理科学来解决问题？

（5）将如何以及在多大程度上鼓励具有地理科学背景的学生学习和应用其他学科来解决问题？

（6）将如何以及在多大程度上鼓励具有地理科学背景的学生学习和应用地理科学来解决其他学科的问题？

应该让学生了解变革性研究的概念以及这种研究的重要性。如第一章所述，变革性研究需要一种初始状态、一种范式或一组待转变的实践方法。而初始状态会被取代，现有的知识和实践也将被放弃。因此，学生应该明白，变革性研究意味着一种与学习新知识同样重要的舍弃旧知识的过程；拒绝旧思想、旧技术和找到新思想、新技术同等重要。科学殿堂中被长期抛弃的思想（如以太或燃素）现如今只能在科学课程中像历史古迹般地存在，尽管它们是科学史和哲学中有用的例子。在地理科学中，诸如环境决定论等被遗弃的思想，在某种程度上仍然存在于该学科的历史或地理思想的课程中。其他旧思想则经常重新出现，因为人们发现它们对一些新的研究方向有用或只是在浩瀚的文海中被翻出。

最后，学生需要明白，新问题的识别对于变革性研究来说可能与发现新知识一样重要。科学领域中一项新技术最大的价值可能并非如何让我们更有效地回答旧问题，而是如何帮助我们问出从未被提出的问题。例如，高性能计算在地理科学中的应用（可参见 http://cybergis.illinois.edu；Wright and Wang，2011）最初被视为加速操作的一种方式，使分析的执行时间缩减至一半、十分之一或百分之一。这种加速本身并不具有变革性，但高性能计算在地理科学中的长期价值在于提出和回答超越过去计算模式的思维、惯例、假设、约束条件的新问题。简而言之，对于科学而言，新问题可能比旧答案更有价值。

建议1：GSS 项目应审查其资助项目的设置，特别是应支持地理教育，培养那些获得奖项的学生进行变革性研究，激励那些在项目书中关注到这种创新性发展的负责人。

二、研究文化

地理科学领域的研究实际上是跨学科的，其以地理学为主，但也涉及计算机科学、认知科学、统计学、工程学以及应用地理科学知识的学科（包括所有的社会和环境科学以及日渐增多的人文学科）。正如第二章中所言，地理科学已经形成了跨学科文化，突破传统学科界限的合作不仅常见，而且被鼓励，变革性的思想往往源于这种合作。如果地理科学存在壁垒，那么，这些壁垒在本质上是渗透性的，尽管关于渗透性的证据不如其他学科那样容易发现。

尽管如此，依然有许多方法可以进一步加强地理科学的多样性和多元化，这些多样性和多元化在促进变革性研究方面的重要性已为人们所注意。虽然美国国家科学基金会付出了艰苦而长期的努力，但地理科学领域的研究人员仍远远没有"像美国一样"多样性和多元化。女性，女同性恋者、男同性恋者、双性恋者和变性者（LGBT）群体，以及少数民族的研究者，在地理科研团队（尤其是某些领域）中的占比依然很低，这些群体有可能将新的变革思想带入本领域。美国国立卫生研究院的最新数据表明，受资助的研究人员的年龄分布集中在中老年，而并非他们更容易做出重大贡献的年纪（Harris，2014）。

年龄更大、经验更丰富的研究人员可以在指导那些仍处于职业生涯早期阶段的工作者中发挥重要作用。一位杰出的、经费充足但处于职业生涯晚期的学者现在经常遇到这样的争论：稀缺的资金更应资助那些尚未取得成绩的研究者，年长的学者应和具有新颖但不成熟想法的、缺乏经费支持的年轻学者合作。

国际合作也可以进一步加强。虽然与欧洲和许多英联邦国家的合作在地理科学中很常见，与中国研究人员的合作正在增加，但与世界上其他地方的合作仍然受到语言和研究文化差异、距离和沟通问题、人身安全以及缺乏双边或多边资助计划的影响。而这种合作恰恰可能会极大地激发、产生许多新的想法和观点。国际联系或许可以通过国际运作的非政府组织来促成。

地理学家与工业界、军事行业、情报界之间的关系长期以来一直是争论的焦点。地图、地理信息系统及其相关的服务现在已是价值数十亿美元的产业,但许多学者对与产业界建立联系犹豫不决,因为担心他们研究的客观性会受到工业界的商业影响。然而,以 ESRI 为例,其在全球拥有近 5 000 名员工,其中很大一部分都被称为地理科学家。ESRI 每年的科研经费支出数亿美元,这个数字要比美国国家科学基金会的 GSS 项目预算高出两个数量级。虽然很难得知军事和情报行业的具体投入,但他们有必要加大投资力度。克劳德和克拉克(Cloud and Clarke,1999)认为,地理信息系统与遥感领域的许多最重要、最具变革性的进展都起源于军事和情报行业,这一论述在第二章中也被佐证。但是,几年前关于鲍曼探险队(Bowman Expeditions)的争论(http://americangeo.org/bowman-expeditions)使得许多学者在与拥有庞大资金的领域进行互动时感到更加犹豫。

在促进与工业界、军事行业、情报界的互动中,还有很多工作可以推进。交流和实习项目可以为接触新的与潜在的变革性想法提供更多机会。GSS 项目可以鼓励研究人员增强互动,并在咨询委员会、研讨会、在线讨论中为这些行业的代表增加席位。可以鼓励 ESRI 以及类似公司在他们的年度用户大会上为研究人员提供额外的机会。研究人员可以争取在美国地理空间情报基金会、国家地理空间咨询委员会等类似机构中发挥更大的作用。

上述这些想法源于我们对科学的开放性、对新结果和新问题的自由与及时交流的广泛关注。正如第二章明确指出的那样,开放式合作对于地理科学中许多变革性思想的发展和传播至关重要。开放科学最近成为一个引人注目且快速发展的运动，这一运动敦促期刊向公众开放获取、提倡使用开源软件和共享数据。的确，没有人支持封闭式的科学，而且大家都支持科学进一步地对外开放。从开放程度上改变科学有助于促进变革性研究。

美国国家科学基金会在资助科学界举办研讨会和小型会议方面有着悠久的历史。这些研讨会对于美国国家科学基金会而言非常宝贵，能使美国国家科学基金会较早地接触到新的研究想法，进而增加新的资助计划或者调整原有的资助计划。此外，美国国家科学基金会的规则允许相关工作人员为小型研讨会快速地提供资金支持，不会因外部审查而延误资助。在地理科学领域，国家地理信息和分析中心组织了一系列专家会议，其中许多在加利福尼亚州的圣巴巴拉举行。这些会议每次聚集 30～40 名研究人员，他们一起讨论和分享有关地理信息系统前沿的新想法。在过去 25 年中，此类会议已举行了约 50 次。这一会议的参与者横跨多学科，来自多个国家，其中不乏来自工业界、军事行业、情报界的参与人员，并且欢迎更多新力量的参与。这些会议充当了研究团体建设者的角色，及时地将研究人员重新引导到有关科学前沿的变革性研究协作中。

其他国家的一些案例已经证明了在地理信息系统和遥感方面进行跨学科、多部门合作的价值，尽管类似案例在美国尚未发生。在澳大利亚，澳大利亚/新西兰空间信息合作研究中心汇集了学术、工业、各级政府、当地实体，以推进具有高影响力的合作研究。证据表明，这些研究加速了行业发展，提高了社会福祉，促进了可持续环境的建设。

然而，更为重要的是，学术界如何确定研究主题并排序。是什么因素驱使研究人员选择一个研究主题而拒绝另一个主题？有多少主题是因为不符合先入为主的"是否有趣"的判断而被不假思索地拒绝？如果现行的科学体系是由男性白人为主的团体建立的或是西班牙裔人建立的，那么会是怎样？这是否会改变我们对"有趣"的理解，是否会更加促进变革性研究？

在某种程度上，研究主题的选择是一个机会主义主导的过程，由对新数据、新工具的使用权限所驱动。例如，于1946~1956年发现的"死海古卷"导致了人文学科的一系列新发现并回答了很多以前从未提出过的问题。但是对于研究生来说，选择论文题目通常是令人生畏的，需要仔细鉴别研究中的"雷区"。这些"雷区"有些是客观存在的（例如获取数据和工具），但也有许多是主观造成的。

建议2：GSS项目应继续强调美国国家科学基金会"在受资助者中应扩大民族、年龄和性别的多样性"的政策及程序。

建议3：为了促进变革性研究，GSS项目还应支持加强不同国家、不同学科、学术界、企业界、政府部门、军事部门以及情报界之间的研究合作。

三、职业发展

近年来，学术界的局限和弊病往往被归咎于学术职业发展体系。学术职称晋升的评估被视为过分依赖于个人的研究成果，从而牺牲了卓越的教学或公共服务。这种现象在研究型大学尤其常见。与本文相关的观点是，职称晋升的评估过于以学科为中心，忽略了那些在学科边缘做出的贡献。而委员会认为，正是这些在学科边缘做出的研究工作，反倒更容易找到变革性的思想。评估规则还注重传统的学术出版和思想传播，强调期刊、书籍、被同行评议过的会议集，忽略在形成工具、数据、对外合作等方面的贡献，而这些被忽略的因素都有利于变革性研究。

最近，通过更多地借助文献计量学以及更少地依赖于同行评议，学术评估的过程变得更加量化。基于文献计量学的评估可能会鼓励研究人员将成果拆分发表，相互挂名，寻求具有高影响因子的期刊而非领域内的专业期刊。一份由美国国家研究委员会发布的具有重要影响的报告《进一步推动美国研究企业》（Furthering America's Research Enterprise；NRC，2014）指出：

> 文献计量学不会像拉里·佩奇的谷歌搜索算法一样全面地统计引用信息。佩奇的算法本身是发表在《计算机网络》（Computer Networks）上的，而这是一份影响因子只有 1.2 的期刊（NRC，2014，p. 69）。

因此，"指标会限制变革性创新的可能性，因为指标的存在会鼓励人们朝着把指标做得更好看的方向努力"（NRC，2014，p. 70）。

对文献计量学的依赖已经开始渗透到科研体系的关键部分，包括招聘、晋升、任期、资助和年度考核。一些研究生院希望他们的学生在毕业前发表一定数量的论文。系主任们甚至明确规定了每年的论文发表要求和教职续聘所需论文数。所有这些都可能使初级研究人员不愿意去选择高风险的课题。

学术职业的发展也可能以牺牲合作为代价来强调个人成果，这一现象在跨学科研究中尤其明显，而跨学科研究正是委员会所认为的促进变革性研究的重要因素（尽管委员会并不认为合作是变革性研究的必要条件；第二章中提供了很多个体影响的例子）。这种现象强调独立作者和主要作者的重要性，研究者可能会因为在作者列表中排序靠后而受到批评，因为排名靠后被认为是意味着贡献很小（尽管有时候排名靠后仅仅是因为音序因素）。那些从跨学科合作研究中受益的初级研究人员，最终很可能在以学科为中心的评价系统中受到惩罚。组织研讨会、建立同行网络以及寻求大量外部资金资助都是可以促进变革性研究的重要因素，然而所有这些都经常在职业生涯早期阶段被摒弃。但职业生涯的早期，正是真正最有可能提出原创性想法以及做出重大发现的时期。

简而言之，评估学术晋升和职业发展的传统方法可能并非衡量变革性研究潜力的最佳指标。相反，"做出变革性突破的重要角色往往是具有不同学科背景的、训练有素的研究人员。他们可以利用不同领域的知识，为陈旧的问题带来新的视角"（NRC，2014，p.6）。而且，"真正具有变革性的科学发现通常依赖于各个领域的研究，从这些研究中建立联系以产生新的想法"（NRC，2014，p.11）。

虽然这些论点是在学术生涯的职业发展的语境下提出的，但它们显然也与研究项目申请书的评估和促进地理科学领域变革性研究的努力有关。如第一章所述，关于变革性研究指标的研究很少。美国国家研究委员会的报告（2014年）包括了有说服力的事例，所引用的段落准确翔实。然而，如前面的"发现4"所述，迄今为止还没有研究能预测个体做出变革性研究的可能性。因此，在这种情况下，委员会并没有针对有可能做出变革性研究的个体给出任何特征描述，以供GSS项目参考。尽管目前缺乏可靠的支持性研究，在第二章中，通过对五个案例的分析，委员会依然给出了一些可能的个体特征。

四、资助实践

前文中曾指出，更重视变革性研究的一些阻力在于：项目申请书审查的过程基本上是保守的，会倾向于反对虽能提供高回报但涉及高风险的项目。因此，鼓励变革性研究的一种方法可能在于审查甚至修改项目的申请程序。美国国家科学基金会便修改了变革性跨学科创新研究奖的评审规则，变革性跨学科创新研究奖是旨在促进变革性研究的计划之一，修改的目的不是通过外部评审对项目资助经费提高超出一个数量级的限额。这种规则的修改很可能是因为外部评审专家比美国国家科学基金会项目官员还要保守。变革性跨学科创新研究奖的申请书得到至少两位董事会成员和（多名）宣传的项目主任的批准，这样的要求增加了对简化后的评审流程的信心。此外，英国经济和社会研究委员会支持社会科学变革性研究的项目也采用了一种新的评审程序，在传统的评审过程中增加了名为"同行宣讲"的环节，在该环节中参与竞争的研究人员会一起评审和讨论所有入围的项目（第一章）。这种类似风险投资的做法很有吸引力，因为类似的机制也存在于诸如美国消费者新闻与商业频道（CNBC）《鲨鱼坦克》（*Shark Tank*）的流行电视节目中。

除了这些创新之外，近几十年来常规的资助模式仍然保持不变。这些模式下的项目申请书需要根据资助机构的规则写作，并在每年一度或半年一度的截止日期前完成。项目申请书首先会被送到外部评审，然后呈至小组会讨论。小组成员向机构工作人员提供建议，工作人员随后向他们的机构提交是否进行资助的建议（在美国国立卫生研究院中，同行评审和资助建议由不同的部门处理）。虽然被拒绝资助的项目申请者可以修改申请书并重新提交，但最终的结果可能只是简单地回复是否资助。如果项目中存在合作协议，则有具体的报告要求和项目评审；除此情况外，研究人员除了定期提交报告和维持常规会计事务外，责任很小。只有当项目完成并且成果已经发表后，才能评价对项目的投资是否值得。

如果目标是促进变革性研究，那么，对这些惯例做些改变可能是值得的。特别是，本报告已经指出了根据项目申请书中提供的简历信息判断研究人员能否进行变革性研究的潜力的困难，同时指出了同行评审过程基本上是保守的。一种用于替代具有"全或无"（all-or-nothing）的传统资助惯例的方案可能是所谓的"逐步资助"，即通过简化的审查程序先向持有良好前景想法的学者提供小额资助。如果效果良好，可以为第二阶段的、数额更大的资助准备申请书。将最初的资助金额控制在小额范围内也许可以降低资助机构的风险。

渐进式融资的想法已经在小企业创新研究（Small Business Innovation Research，SBIR）等项目中实施，这些项目鼓励学术界和工业界之间的合作，在第一阶段进行小额资助，在第二阶段进行大额的长期资助。这也是美国国家科学基金会科学和技术中心等项目的常见做法，这些项目需要预申请并由行业内小组审查预申请书。但是在这种情况下，预申请书仅用于缩小范围，这一阶段不涉及资助，在提供完整申请书之前也不会执行研究。虽然预申请书的要求不多，但是很多申请者都明白准备预申请书的工作量和准备完整申请书相差无几。美国国家科学基金会还有一些项目，例如快速反应研究（Rapid Response Research，RAPID）和探索性研究的早期概念资助（Early-Concept Grants for Exploratory Research，EAGER），这些项目旨在支持时间紧迫的研究，例如重大自然灾害后的研究。这些项目启用加速的内部审查过程，在该项目下成功资助的研究计划很可能会在其他项目下受到后续的、长期的以及更大额度的资助。

美国国家科学基金会对其同行评审过程感到自豪，该过程经常受到称赞并被广泛视为资助机构的黄金标准。尽管如此，在资金减少、成功率逐渐下降、对真正变革性研究资助压力日益增大的背景下，美国国家科学基金会的审查方法可能不适用（第三章）。在切实的研究成果完成前，这些不同的想法必须被视为推测性的，但值得在有限的试验基础上进行研究。

建议 4：为了更加支持变革性研究，GSS 项目应与美国国家科学基金会内外的团体广泛合作，探讨和评估分配研究经费与遴选研究项目的创新性方法。

五、结 论

对变革性研究没有单一、简洁、全面的定义，而且在第一章的讨论中出现了两个截然不同的主题。一方面，变革性研究具有异常高、形式不一的价值或回报：为现有研究提供新的方向、形成新的学科、促成新的产业。第二章讨论的五个案例研究充分证明了在地理科学领域存在这种高价值或回报。另一方面，变革性研究给资助机构带来了异常高的风险，因为其突破性研究的性质很难让研究人员将其可视化或让评议人对其进行评估。

对这种二元性的理性回应是在最小化风险的同时最大化回报。在第二章中，罗杰斯的创新扩散模型用于讨论可能有助于最大化回报的因素：开放式思想共享、快速传播、打破包括学科孤岛在内的制度障碍。在本章中，委员会在地理科学领域以及美国国家科学基金会的 GSS 项目背景下扩展了这些想法，并提出了降低风险的建议。这些建议包括寻找更好的方法让年轻的地理科学家为变革性研究做好准备，确定如何使地理科学的研究文化更有利于变革性研究，解决阻碍变革性研究的职业发展过程中的问题，以及探索有利于资助变革性研究的项目申请书的写作和评审方法。

这些建议都不能直接解决第三章中关于国家科学政策和绩效总体状况的问题。地理科学只是浩瀚研究领域中的一小部分，虽然近几十年来已经取得了巨大的进展，但在面对第三章中所述的四大挑战时几乎被忽视。尽管如此，在地理科学的背景下，本报告提出了四项建议来应对这四大挑战（图 4-1）。通过与企业建立更多的联系和合作项目、与政府机构建立研究伙伴关系（建议 3），可以弥补一些因国家和各州研究经费下降（挑战 1 和 2）而带来的影响。这在过去对地理信息系统和遥感学科显有成效（第二章），并且将来可能同样有效甚至更加必要。促进开放与协作的创新发展和传播体系

（建议3），将有助于抵消因竞争短缺的研究资金而可能带来的严重影响（挑战1和2）。鼓励在初期阶段进行变革性研究和有针对性的资助，有助于最大限度地提高政府投资的成功率，从而抵消资金量减少的不足。专门面向学生的变革性研究训练（建议1和2），将有

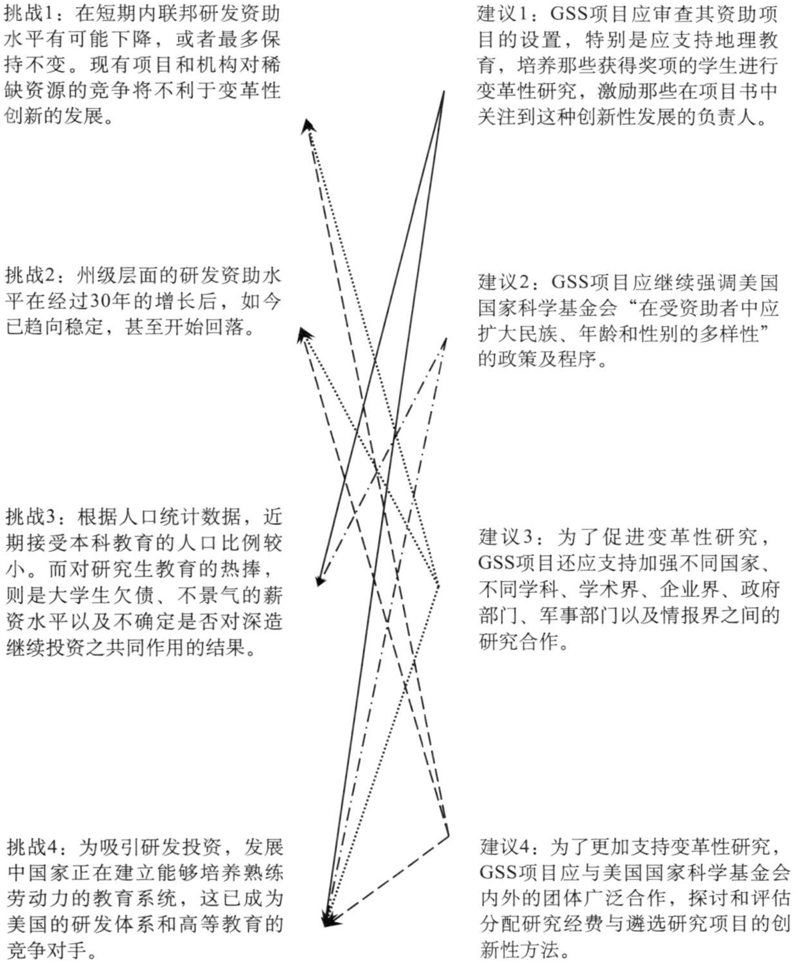

挑战1：在短期内联邦研发资助水平有可能下降，或者最多保持不变。现有项目和机构对稀缺资源的竞争将不利于变革性创新的发展。

挑战2：州级层面的研发资助水平在经过30年的增长后，如今已趋向稳定，甚至开始回落。

挑战3：根据人口统计数据，近期接受本科教育的人口比例较小。而对研究生教育的热捧，则是大学生欠债、不景气的薪资水平以及不确定是否对深造继续投资之共同作用的结果。

挑战4：为吸引研发投资，发展中国家正在建立能够培养熟练劳动力的教育系统，这已成为美国的研发体系和高等教育的竞争对手。

建议1：GSS项目应审查其资助项目的设置，特别是应支持地理教育，培养那些获得奖项的学生进行变革性研究，激励那些在项目书中关注到这种创新性发展的负责人。

建议2：GSS项目应继续强调美国国家科学基金会"在受资助者中应扩大民族、年龄和性别的多样性"的政策及程序。

建议3：为了促进变革性研究，GSS项目还应支持加强不同国家、不同学科、学术界、企业界、政府部门、军事部门以及情报界之间的研究合作。

建议4：为了更加支持变革性研究，GSS项目应与美国国家科学基金会内外的团体广泛合作，探讨和评估分配研究经费与遴选研究项目的创新性方法。

图4-1　第三章中的四大挑战和第四章中的建议之间的联系

助于确保更多受过高等教育的人有能力去推动地理科学的进步，并有利于应对这类人群数量可能下降的情况以及应对来自其他国家学生的日益激烈的竞争（挑战3和4）。提高学术界的多样性（建议2）不仅有助于提供更宽阔的视野，增加识别变革性研究的机会，而且还有助于增加受高等教育学生的数量（挑战3）。此外，多样性的提高可以增加国际学术界的参与度，能够在创新和研究的早期阶段交流思想。最后，评议项目申请书的新方法（建议4）将有可能促进变革性研究，从而最终解决挑战1、2和4。

参 考 文 献

AAAS (American Association for the Advancement of Science). 2014. Historical trends in federal R&D. https://www.aaas.org/page/historical-trends-federal-rd(accessed January 11, 2015).

Adams, J. 2009. Is the U.S. losing its preeminence in higher education? Working Paper 15233. Boston, MA: National Bureau of Economic Research. http://www.nber.org/papers/w15233 (accessed September 5, 2015).

Allum, J. 2014. *Graduate Enrollment and Degrees: 2003 to 2013*. Washington, DC: Council of Graduate Schools.

Amsden, A. 1992. *Asia's Next Giant: South Korea and Late Industrialization*. Oxford: Oxford University Press.

Amsden, A. 2011. *The Rise of "the Rest": Challenges to the West from Late-industrializing Economies*. Oxford: Oxford University Press.

Anderson, K. J. 1987. The idea of Chinatown: The power of place and institutional practice in the making of a racial category. *Annals of the Association of American Geographers* 77(4): 580-598.

Aronoff, S. 2005. *Remote Sensing for GIS Managers*. Redlands, CA: Esri Press.

Arrhenius, S. 1896. On the influence of carbonic acid in the air upon the temperature of the ground. *Philosophical Magazine and Journal of Science* 41(5): 237-276.

Baerwald, T. J. 2013. The legacy of Andrew Isserman at the U. S. National Science Foundation. *International Regional Sciences Review* 36(1): 29-35.

Bailey, W. H. 1963. Remote sensing of the environment. *Annals of the Association of American Geographers* 53: 577-578.

Bartlein, P. J., K. H. Anderson, P. M. Anderson, et al. 1998. Paleoclimate simulations for North America over the past 21 000 years: Features of the simulated climate and comparisons with paleoenvironmental data. *Quaternary *Science Reviews* 17: 549-585.

Bassett, K. 1999. Is there progress in human geography? The problem of progress in the light of recent work in the philosophy and sociology of science. *Progress in Human Geography* 23: 27-47.

Bell, N. 2012. Data sources: Strong employment growth expected for graduate degrees. http://www.cgsnet.org/data-sources-strong-employment-growth-expected-graduate-degree-recipients-0(accessed September 5, 2015).

Betsill, M. M., H. Bulkeley. 2006. Cities and the multilevel governance of global climate change. *Global Governance* 12: 141-159.

Bird, J. 1977. Methodology and philosophy. *Progress in Human Geography* 1: 103-110.

Bird, J. B., A. Morrison. 1964. Space photography and its geographical applications. *Geographical Review* 54: 463-486.

Blaikie, P. 2008. Epilogue: Towards a future for political ecology that works. *Geoforum* 39(2): 765-772.

Blaikie, P., H. Brookfield. 1987. *Land Degradation and Society*. London: Methuen.

Bogers, M., A. Afuah, B. Bastian. 2010. Users as innovators: A review, critique, and future research directions. *Journal of Management* 36(4): 857-875.

Brand, J. 2014. Resolving higher education's challenges. Huffington Post. http://www.huffingtonpost.com/jonathan-m-brand/resolving-higher-educations-challenges_b_4861024.html(accessed January 2015).

Bremmer, I. 2014. The new rules of globalization. *Harvard Business Review* (January).

Broecker, W. S. 1975. Climatic change: Are we on the brink of a pronounced global warming? *Science* 189: 460-463.

Bryant, R. L. 1998. Power, knowledge and political ecology in the third world: A review. *Progress in Physical Geography* 22: 79-94.

Bulkeley, H., P. J. Newell. 2010. *Governing Climate Change*. New York: Taylor and Francis.

Burton, I. 1963. The quantitative revolution and theoretical geography. *Canadian Geographer* 7(4): 151-162.

Bush, V. 1945. *Science: The Endless Frontier*. North Stratford: Ayer Co.

Callendar, G. S. 1938. The artificial production of carbon dioxide and its influence on temperature. *Quarterly Journal of the Royal Meteorological Society* 64(275): 223-240.

Carnegie Foundation. 1973. *Classification of Institutions of Higher Education*. Bloomington, IN.

Carnevale, A. P., N. Smith, J. Strohl. 2010. Help wanted: Projections of jobs and education requirements through 2018. Georgetown University Center on Education and the Workforce. https://cew.georgetown.edu/wp-content/uploads/2014/12/fullreport.pdf(accessed December 8, 2015).

Carney, J. 1993. Converting the wetlands, engendering the environment: The intersection of gender with agrarian change in the Gambia. *Economic Geography* 69: 329-348.

CBO(Congressional Budget Office). 2014. *Federal Policies and Innovation*. Washington, DC: CBO.

Center on Budget and Policy Priorities. 2013. Recent deep state higher education cuts may harm students and the economy for years to come. http://www.cbpp.org/cms/?fa=view&id=3927(accessed August 3, 2015).

Chesbrough, H. 2003. *Open Innovation: The New Imperative for Creating and Profiting from Technology*. Cambridge, MA: Harvard Business School Press.

Chrisman, N. 2006. *Charting the Unknown: How Computer Mapping at Harvard Became GIS*. Redlands, CA: Esri Press.

Cloud, J., K. C. Clarke. 1999. Through a shutter darkly: The tangled relationships between civilian, military and intelligence remote sensing in the early U.S. space program. In J. Reppy (ed.). Secrecy and Knowledge Production. Occasional Paper No. 23. Ithaca, NY: Cornell University Peace Studies Program.

Collins, F. 2013. Driving innovation and creativity with high-risk research, NIH Director's Blog. http://directorsblog.nih.gov/2013/09/30/driving-innovation-and-creativity-with-high-riskresearch/#more-2153 (accessed April 1, 2015).

Coppock, J. T., D. W. Rhind. 1991. The history of GIS. In D. J. Maguire, M. F. Goodchild, D. W. Rhind, (eds.). *Geographical Information Systems: Principles and Applications* 1: 21-43.

Council of Graduate Schools and Educational Testing Service. 2010. The path forward: The future of graduate education in the United States. Report from the Commission on the Future of Graduate Education in the United States. Princeton, NJ: Educational Testing Service.

Council on Government Relations. 2014. *Finances of Research Universities*. Washington, DC.

Crutzen, P. J. 2006. Albedo enhancement by stratospheric sulfur injections: A contribution to resolve a policy dilemma? *Climate Change* 77: 211-220. doi: 10.1007/s10584-006-9101-y.

Cutter, S. L. 1996. Vulnerability to environmental hazards. *Progress in Human Geography* 20: 529-539.

Cutter, S. L. 2003. The vulnerability of science and the science of vulnerability. *Annals of the Association of American Geographers* 93: 1-12.

Cutter, S. L., J. T. Mitchell, M. S. Scott. 2000. Revealing the vulnerability of people and places: A case study of Georgetown County, South Carolina. *Annals of the Association of American Geographers* 90: 713-737.

DeFries, R. S., M. Hansen, J. R. G. Townshend, et al. 1998. Global land cover classifications at 8 km spatial resolution: The use of training data derived from Landsat imagery in decision tree classifiers. *International Journal of Remote Sensing* 19(16): 3141-3168.

DeFries, R. S., C. B. Field, L. Fung, et al. 1999. Combining satellite data and biogeochemical models to estimate global effects of human-induced land cover change on carbon emissions and primary productivity. *Global Biogeochemical Cycles* 13(3): 803-815.

Department of Forestry and Rural Development. 1967. *An Introduction to the Geo-information System of the Canada Land Inventory*. Ottawa: Department of Forestry and Rural Development.

Dorsey, R., B. Van Wuyckhuyse, C. Beck, et al. 2009. Economics of new faculty hires in basic science. *Academic Medicine* 84(1): 26-31.

Dosi, G. 1982. Technological paradigms and technological trajectories. *Research Policy* 11: 147-162.

Douglass, J. 2010. Higher education budgets and the global recession: Tracking varied national responses and their consequences. Berkeley, CA: University of California. http://files.eric.ed.gov/fulltext/ED511965.pdf (accessed April 1, 2015).

Dowling, G. R. 2004. *The Art and Science of Marketing*. New York: Oxford University Press.

Downing, T., M. Watts, H. Bohle. 1993. Climate change and food insecurity: Towards a sociology and geography of vulnerability. In T. Downing(ed.). *Climate Change and World Food Security*. Berlin: SpringerVerlag.

Dozier, J., G. Asrar. 2001. John Edward "Jack" Estes-Obituary. *Physics Today* 54: 75.

Eakin, H., A. L. Luers. 2006. Assessing the vulnerability of social-environmental systems. *Annual Review of Environment and Resources* 31: 365-394.

ERC(European Research Council). 2015. Frontier research. https://definedterm. com/frontier_research(accessed April 1, 2015).

Escobar, A. 1999. After nature: Steps to an antiessentialist political ecology. *Current Anthropology* 40: 1-30.

Esri. 2012. The 50th anniversary of GIS. ArcNews. http://www. esri. com/news/arcnews/fall12articles/the-fiftiethanniversary-of-gis. html (accessed December 15, 2014).

Estes, J. E., K. Thaman. 1974. Recent growth of aerial photographic interpretation/remote sensing in geography in the United States. *The Professional Geographer* 26: 48-55. doi: 10. 1111/j. 00330124. 1974. 00048. x.

Eveland, J. D. 1986. Diffusion, technology transfer and implementation. *Knowledge Creation, Diffusion, Utilization* 8: 303-322.

Feddema, J. J., K. W. Oleson, G. B. Bonan, et al. 2005. The importance of land-cover change in simulating future climates. *Science* 310 (5754): 1674-1678.

Fleming, J. R. 1998. *Historical Perspectives on Climate Change*. New York: Oxford University Press.

Foucault, M. 1976. Questions à Michel Foucault sur la géographie. *Hérodote* 1: 71-85.

Freeman, R. 2013a. One ring to rule them all? Globalization of knowledge and knowledge creation. Working Paper 19301. National Bureau of Economic Research. http://www. Nber. Org/Papers/W19301 (accessed April 1, 2015).

Freeman, R. 2013b. One ring to rule them all? Globalization of knowledge and knowledge creation. *Nordic Economic Policy Review*(1): 11-34.

Frodeman, R., J. B. Holbrook. 2012. The promise and perils of transformative research, report from March 8-9, 2012, workshop in Arlington, VA, 52 pgs.

Godin, B. 2006. The linear model of innovation: The historical construction of an analytical framework. *Science, Technology and Human Values* 31: 639-667.

Gong, P. 2012. *Cultural History Holds Back Chinese Research*. Nature 481: 411.

Goodchild, M. F. 1992. Geographical information science. *International Journal of Geographical Information Systems* 6(1): 31-45.

Gordon, D. M. 1978. Capitalist development and the history of American cities. In W. Tabb, L. Sawers(eds.). *Marxism and the metropolis: New perspectives in urban political economy* (pp. 25-63). New York: Oxford University Press.

Gordon, R. 2014. *Is U. S. Economic Growth Over? Faltering Innovation Confronts the Six Headwinds*. Chicago, IL: Northwestern University and CEPR.

Gore, A. 1992. *Earth in the Balance: Ecology and the Human Spirit*. Boston, MA: Houghton Mifflin.

Hall, B. H. 2004. Innovation and Diffusion. Working Paper No. w10212. National Bureau of Economic Research.

Harris, A. 2014. Young, brilliant and underfunded. *The New York Times*(October 3).

Harvey, D. 1969. *Explanation in Geography*. London: Edward Arnold.

Harvey, D. 1973. Social *Justice in the City*. London: Edward Arnold.

Hecht, S. B., A. Cockburn. 1989. *The Fate of the Forests: Developers, Destroyers and Defenders of the Amazon*. London: Verso.

Henderson-Sellers, A. 1978. Surface type and its effect upon cloud cover: A climatological investigation. *Journal of Geophysical Research: Oceans* 83: 5057-5062.

Herper, M. 2013. The cost of creating a new drug now $5 billion, pushing big pharma to change. *Forbes Pharma and Healthcare* (August 11).

Hewitt, K. 1983. *Interpretations of Calamity: From the Viewpoint of Human Ecology*. Boston, MA: Allen and Unwin.

Hicks, J., R. D. Atkinson. 2012. Eroding our foundation: Sequestration, R&D, innovation and the U. S. economic growth. Report for the Information Technology and Innovation Foundation. http://www2.itif.org/2012-eroding-foundation.pdf(accessed September 19, 2015).

Horbach, J., C. Rammer, K. Rennings. 2012. Determinants of eco-innovations by type of environmental impact – The role of regulatory push/pull, technology push and market pull. *Ecological Economics* 78: 112-122.

Houghton, J. T., G. J. Jenkins, J. J. Ephraums. 1990. Scientific assessment of climate change – Report of Working Group I of the Intergovernmental Panel on Climate Change. Vol. 1. Cambridge, UK: Cambridge University Press.

Howard, D., F. Laird. 2013. The new normal in funding university science. Issues in Science and Technology. Washington, DC: National Academy of

Sciences. http://issues.org/toc/30-1(accessed April 1, 2015).

Hulme, M. 2011. Meet the humanities. *Nature Climate Change* 1: 177-179.

Inkpen, R., G. Wilson. 2013. *Science, Philosophy and Physical Geography*. New York: Routledge.

International Social Science Council and UNESCO(United Nations Educational, Scientific and Cultural Organization). 2013. *World Social Science Report 2013, Changing Global Environments*. Paris: OECD Publishing and UNESCO Publishing.

IPCC(Intergovernmental Panel on Climate Change). 1995. *IPCC Second Assessment Synthesis of Scientifictechnical Information Relevant to Interpreting Article 2 of the UNFCCC*. Cambridge, UK: Cambridge University Press.

IPCC. 2001. *Climate Change* 2001: *Synthesis Report*. Cambridge, UK: Cambridge University Press.

IPCC. 2007. *Climate Change* 2007: *Synthesis Report*. Contribution of Working Groups Ⅰ, Ⅱ and Ⅲ to the fourth assessment report of the Intergovernmental Panel on Climate Change. Cambridge, UK: Cambridge University Press.

IPCC. 2013. *Climate Change* 2013: *The Physical Science Basis*. Contribution of Working Group I to the fifth assessment report of the Intergovernmental Panel on Climate Change. Cambridge, UK: Cambridge University Press.

Jackson, P. 1987. The idea of "race" and the geography of racism. In P. Jackson(ed.). *Race and Racism : Essays in Social Geography*(pp. 3-21). London: Allen and Unwin.

Jensen, J. R. 2008. Memorial address-John "Jack" Edward Estes. *Photogrammetric Engineering and Remote Sensing* (July): 844-851. http://asprs.org/a/publications/pers/2008journal/july/yearbook/estes_memorial_address.pdf(accessed December 8, 2015).

Johnston, R. J. 1997. *Geography and Geographers : Anglo-American Human Geography Since 1945*. London: Arnold.

Johnston, S. C., S. L. Hauser. 2008. Transformative research. *Annals of Neuroscience* 63: A11-A13. https://onlinelibrary.wiley.com/doi/pdf/10.1002/ana.21414(accessed April 1, 2015).

Jones, M. D. H., A. Henderson-Sellers. 1990. History of the greenhouse effect. *Progress in Physical Geography* 14: 1-18.

Kasperson, R. E., J. X. Kasperson. 2001. *Climate Change, Vulnerability, and Social Justice*. Stockholm, Sweden: Stockholm Environment Institute.

Kates, R. W. 1979. Climate and society: Lessons from recent events. In *Proceedings of the World Climate Conference (pp. 682-691). Geneva, Switzerland: World Meteorological Organization.

Kates, R. W., J. Ausubel, M. Berberian. 1985. *Climate Impact Assessment : Studies of the Interaction of Climate and Society*. Chichester, UK: Wiley.

Kates, R. W., W. C. Clark, R. Corell, et al. 2001. Sustainability science. *Science* 292(5517): 641-642.

Keeling, C. D. 1960. The Concentration and Isotopic Abundances of Carbon Dioxide in the Atmosphere. *Tellus* 12: 200-203.

Klein, K. E. 2005. Smart answers, avoiding the inventor's lament. *Business Week* (November 10).

Korteweg, A., M. Sorensen. 2010. Risk and return characteristics of venture capital-backed entrepreneurial companies. *Review of Financial Studies* 23 (10): 3738-3772.

Kuhn, T. S. 1962. The Structure of Scientific Revolutions. Chicago, IL: University of Chicago Press.

Lal, B., A. Wilson. 2013. The myths and realities of transformative research. Presentation to the Annual Meetings of the American Association for the Advancement of Science, Boston, February 18.

Lefebvre, H. 1974. La production de l'espace. *L'Hommeet la Societé* 31: 15-32.

Legates, D. R., C. J. Willmott. 1990. Mean seasonal and spatial variability in gauge-corrected, global precipitation. *International Journal of Climatology* 10 (2): 111-127.

Leichenko, R., K. O'Brien. 2008. *Environmental Change and Globalization : Double Exposures*. New York: Oxford University Press.

Lempert, R. 2013. Transformative research, silly studies, and the future of NSF's SBE directorate. http://www.cossa.org/advocacy/DefundingSBE-RichardLempert.pdf (accessed September 12, 2015).

Lin, Y., J. B. Michel, E. L. Aiden, et al. 2012. Syntactic annotations for the Google Books n-gram corpus. Proceedings of the ACL 2012 System Demonstrations (pp. 169-174). Association for Computational Linguistics.

Liverman, D. M. 1990a. Drought impacts in Mexico: Climate, agriculture, technology, and land tenure in Sonora and Puebla. *Annals of the Association of American Geographers* 80(1): 49-72.

Liverman, D. M. 1990b. Vulnerability to global change. In R. Kasperson(ed.). *Understanding Global Environmental Change : The Contributions of Risk*

Analysis and Management (pp. 27-44). Worcester, MA: Clark University.

MacArthur, R. H., E. O. Wilson. 1967. *The Theory of Island Biogeography*. Princeton, NJ: Princeton University Press.

MacDonald, G. M. 2011. Global climate change. In J. A. Agnew, D. N. Livingstone(eds.). *Geographical Knowledge* (pp. 540-548). London: Sage.

MacDonald, G. M., D. W. Beilman, K. V. Kremenetski, et al. 2006. Rapid early development of the circumarctic peatlands and atmospheric CH_4 and CO_2 variations. *Science* 314: 385-388.

Mair, A. 1986. Thomas Kuhn and understanding geography. *Progress in Human Geography* 10: 345-369.

Markusen, A. 1996. Sticky places in slippery space: A typology of industrial districts. *Economic Geography* 72(3): 293-313.

Massey, D. 1973. Towards a critique of industrial location theory. *Antipode* 5(3): 33-39.

Massey, D. 1994. *Space, Place, and Gender*. Minneapolis, MI: University of Minnesota Press.

Matthews, D. 2014. Asia: Does University R&D Really Create Economic Growth? Times Higher Education, June 5. http://www.timeshighereducation.co.uk/news/asia-does-university-rd-really-create-economicgrowth/2013715.article (accessed September 12, 2015).

McDowell, L. 1993. Space, place and gender relations: Part I. Feminist empiricism and the geography of social relations. *Progress in Human Geography* 17: 157-179.

Molotch, H. 1976. The city as a growth machine: Toward a political economy of place. *American Journal of Sociology* 82(2): 309-332.

Morain, S. A. 2006. Memorial address: David Stanley Simonett. *Photogrammetric Engineering and Remote Sensing* (July): 763-765.

NRC(National Research Council). 1995. *Allocating Federal Funds for Science and Technology*. Committee on Criteria for Federal Support of Research and Development. Washington, DC: National Academy Press.

NRC. 2013. *ARISE2 Advancing Research in Science and Engineering Unleashing America's Research & Innovation Enterprise*. Washington, DC: The National Academies Press.

NRC. 2014. *Furthering America's Research Enterprise*. Washington, DC: The National Academies Press.

NSB(National Science Board). 2007. Enhancing support of transformative research at the National Science Foundation. NSB-07-32, 21 pgs. http://

www. nsf. gov/nsb/documents/2007/tr_report. pdf(accessed September 12, 2015).

NSF(National Science Foundation). 2002. Science and engineering indicators. Division of Science Resources Statistics(NSB 02-01). Arlington, VA: NSF.

NSF. 2011. Geography and spatial sciences program strategic plan, 2011-2015. http://www. nsf. gov/sbe/bcs/grs/GSS_ StrategicPlan_ 2011. pdf (accessed January 13, 2015).

O'Keefe, P., K. Westgate, B. Wisner. 1976. Taking the naturalness out of natural disasters. *Nature* 260: 566-567.

Oliff, P., V. Palacios, I. Johnson, et al. 2013. Recent deep state higher education cuts may harm students and the economy for years to come. Washington, DC: Center on Budget and Policy Priorities. http://www. cdpp. org/files/3-19-13sfp. pdf(accessed April 1, 2015).

Parry, M. L., T. R. Carter, N. T. Konijn. 1988. *The Impact of Climatic Variations on Agriculture.* Dordrecht, Netherlands: Kluwer Academic Publishers.

PCAST(President's Council of Advisors on Science and Technology). 2012. Transformation and Opportunity: The future of the U. S. research enterprise. Washington, DC: The White House.

Peet, D., P. Robbins, M. Watts. 2011. *Global Political Ecology.* London: Routledge.

Peet, R., M. Watts. 1996. *Liberation Ecologies.* London: Routledge.

Pennington, D., G. Simpson, M. McConnell, et al. 2013. Transdisciplinary research, transformative learning, and transformative science. *BioScience* 63: 564-573.

Peres, R. 2010. Innovation diffusion and new product growth models: a critical review and research directions. *International Journal of Research in Marketing* 27: 91-106.

Perrault, T., G. Bridge, J. McCarthy. 2015. *Handbook of Political Ecology.* London: Routledge.

Phillips, J. D. 1992. The end of equilibrium in geomorphic system? *Geomorphology* 5: 195-201.

Plass, G. N., J. R. Fleming, G. Schmidt. 1956. Carbon dioxide and the climate. *American Scientist* 98(1): 58-62.

Porter, M., J. Rivkin. 2012. The looming challenge to U. S. competitiveness. *Harvard Business Review* (March). https://hbr. org/2012/03/the-looming-challenge-to-us-competitiveness/ar/1(accessed August 18, 2015).

Revelle, R., H. Suess. 1957. Carbon dioxide exchange between atmosphere and ocean and the question of an increase of atmospheric CO_2 during the past decades. *Tellus* 9: 18-27.
Robbins, P. 2012. *Political Ecology : A Critical Introduction*. Second edition. New York: Wiley.
Rodhe, H., R. Charlson, E. Crawford. 1997. Svante Arrhenius and the greenhouse effect. *Ambio* 26(1): 2-5.
Rogers, E. M. 1962. *Diffusion of Innovations*. Glencoe: Free Press.
Rogers, E. M. 2003. *Diffusion of Innovations*. 5th Edition. New York: Simon and Schuster.
Rosenberg, N. 1972. Factors affecting the diffusion of technology. *Explorations in Economic History* 10: 3-33.
Russell, B. 2009. *The Basic Writings of Bertrand Russell*. R. E. Egner, L. E. Denonn(eds.). New York: Routledge.
Sahlman, W. A. 2010. Risk and reward in venture capital. *Harvard Business Review Industry and Background Note* (December 3).
Schneider, S. H., L. E. Mesirow. 1976. *The Genesis Strategy : Climate and Global Survival*. New York: Plenum Press.
Simmel, G. 1903. Die Grosstädte und das Geistesleben(The Metropolis and Mental Life). In G. Bridge, S. Watson(eds.). *The Blackwell City Reader*. Oxford: Wiley-Blackwell.
Simonton, D. K. 2009. Varieties of(scientific)creativity: A hierarchical model of domain-specific disposition, development, and achievement. *Perspectives on Psychological Science* 4: 441-452.
Stokols, D. L., K. L. Hall, B. K. Taylor, et al. 2008. The science of team science: Overview of the field and introduction to the supplement. *American Journal of Preventive Medicine* 35(2 Supplement): S77-S89.
Stripple, J., H. Bulkeley. 2013. *Governing the Climate*. New York: Cambridge University Press.
Sui, D. Z., S. Elwood, M. F. Goodchild(eds.). 2012. *Crowdsourcing Geographic Knowledge : Volunteered Geographic Information (VGI) in Theory and Practice*. New York: Springer.
Sulloway, F. J. 2009. Sources of scientific innovation: A meta-analytic approach(commentary on Simonton, 2009). *Perspectives on Psychological Science* 4: 455-459.
Summers, L. 2014. U. S. economic prospects: Secular stagnation, hysteresis, and the zero lower bound. http://larrysummers.com/wp-content/uploads/

2014/06/NABE-speech-Lawrence-H.-Summers1.pdf(accessed July 27, 2015).

Summers, L., E. Balls. 2015. *Report of the Commission on Inclusive Prosperity*. Washington, DC: Center for American Progress.

Terjung, W., D. Liverman, J. Hayes. 1984. Climatic change and water requirements for grain corn in the North American Great Plains. *Climatic Change* 6: 193-220.

The Economist. 2013a. Innovation pessimism: Has the ideas machine broken down? *The Economist* (print version, January 12).

The Economist. 2013b. The idea that innovation and new technology have stopped driving growth is getting increasing attention. *The Economist* (print version, January 12).

Thomas, W. L., C. O. Sauer, M. Bates, et al. 1956. *Man's Role in Changing the Face of the Earth*. Chicago, IL: University of Chicago Press.

Thone, F. 1935. Nature rambling: We fight for grass. *The Science Newsletter* 27: 717.

Tomlinson, R. F. 1962. Computer mapping: An introduction to the use of electronic computers in the storage, compilation and assessment of natural and economic data for the evaluation of marginal lands. Proceedings of the National Land Capability Inventory Seminar.

Tomlinson, R. F. 1963. Pleistocene evidence related to glacial theory in northeastern Labrador. *The Canadian Geographer/Le Géographe Canadien* 7: 83-90.

Tomlinson, R. F., W. G. E. Brown. 1962. The use of vegetation analysis in the photo interpretation of surface material. *Photogrammetric Engineering* 28: 584-592.

Tomlinson, R. F., M. A. G. Toomey. 1999. GIS and LIS in Canada. In G. McGrath, L. Sebert(eds.). *Mapping a Northern Land: The Survey of Canada* 1947-1994. Montreal, Quebec: McGill-Queen's University Press.

Tuomi, I. 2002. Networks of Innovation. New York: Oxford University Press.

Turner, B. L. II, W. C. Clark, R. W. Kates, et al.(eds.). 1990. *The Earth as Transformed by Human Action: Global and Regional Changes in the Biosphere Over the Past 300 Years*. New York: Cambridge University Press.

USGS(U. S. Geological Survey). 2012. William T. Pecora, pioneer of Earth science from space. http://www.usgs.gov/blogs/features/usgs_top_story/william-t-pecora-pioneer-of-earth-science-from-space(accessed December 15, 2014).

von Hippel, E. 1986. Lead users: A source of novel product concepts. *Management Science* 32: 791-805.

Wang, S. 2010. A cyberGIS framework for the synthesis of cyberinfrastructure, GIS, and spatial analysis. *Annals of the Association of American Geographers* 100: 535-557.

Warrick, R. A., W. E. Riebsame. 1981. Societal response to CO_2-induced climate change: Opportunities for research. *Climatic Change* 3: 387-428.

Watts, M. 1983. *Silent Violence : Food, Famine and Peasantry in Northern Nigeria*. Berkeley, CA: University of California Press.

Watts, M. J., H. G. Bohle. 1993. The space of vulnerability: The causal structure of hunger and famine. *Progress in Human Geography* 17: 43-67.

Wejnert, B. 2002. Integrating models of diffusion of innovations: A conceptual framework. *Annual Review of Sociology* 2: 297-306.

Wheeler, P. B. 1982. Revolutions, research programmes and human geography. *Area* 14(1): 1-6.

White, G. F. 1945. *Human Adjustment to Floods : A Geographic Approach to the Flood Problem in the United States*. Chicago, IL: University of Chicago, Department of Geography.

Williams, J. 1978. *Carbon Dioxide, Climate, and Society : Proceedings of a IIASA Workshop*. New York: Pergamon Press.

Williams, J., R. Barry, W. Washington. 1974. Simulation of the atmospheric circulation using the NCAR global circulation model with ice age boundary conditions. *Journal of Applied Meteorology* 13: 305-317.

Williams, R. S. 1976. ERTS-1: A new window on our planet. USGS Professional Paper 929. Washington, DC: U. S. Geological Survey.

Wilson, C. L., W. H. Matthews (eds.). 1971. Inadvertent climate modification. Report of conference, Study of Man's Impact on Climate (SMIC), Stockholm. Cambridge, MA: MIT Press.

Wisdom, J. P., K. H. B. Chor, K. E. Hoagwood, et al. 2014. Innovation adoption: A review of theories and constructs. *Administration and Policy in Mental Health* 41(4): 480-502.

Wolf, E. 1972. Ownership and political ecology. *Anthropological Quarterly* 45(3): 201-205.

Wright, D. J., S. Wang. 2011. The emergence of spatial cyberinfrastructure. *Proceedings of the National Academy of Sciences* 108: 5488-5491. doi: 10.1073/pnas.

Wright, D. J., M. F. Goodchild, J. D. Proctor. 1997. Demystifying the persistent ambiguity of GIS as "tool" versus "science." *Annals of the Association of American Geographers* 87(2): 346-362.

Zimmerer, K. S. 1991. Wetland production and smallholder persistence: Agricultural change in a highland Peruvian region. *Annals of the Association of American Geographers* 81(3): 443-463.

附录 A：缩略语

AIIB 亚洲基础设施投资银行（Asian Infrastructure Investment Bank）

BLS 劳工统计局（Bureau of Labor Statistics）

CBO 国会预算办公室（Congressional Budget Office）
CGIS 加拿大地理信息系统（Canada Geographic Information System）
CGS 研究生院理事会（Council of Graduate Schools）
CREATIV 变革性跨学科创新研究奖（项目，NSF）［Creative Research Awards for Transformative Interdisciplinary Ventures (program，NSF)］
CRO 合同研究机构（contract research organization）

EAGER 探索性研究的早期概念资助（项目，NSF）［Early-Concept Grants for Exploratory Research（program，NSF）］
EHR 教育与人力资源（董事会，NSF）［Education and Human Resources（directorate，NSF）］
ERC 欧洲研究理事会（European Research Council）
ERTS 地球资源观测卫星（Earth Resources Technology Satellite）
ESRC （英国）经济和社会研究委员会［Economic and Social Research Council（UK）］

ESRI	环境系统研究所（Environmental Systems Research Institute）
GBF/DIME	地理基础文件/双独立地图编码（Geographic Base File/Dual Independent Map Encoding）
GDP	国内生产总值（Gross Domestic Product）
GIS	地理信息系统（geographic information system）
GPS	全球定位系统（Global Positioning System）
GSS	地理和空间科学（项目，NSF）［Geography and Spatial Sciences（program，NSF）］
HRHR	高风险、高回报（high-risk，high-reward）
IBM	国际商业机器公司（International Business Machines）
INSPIRE	国家科学基金会联合支持推进的跨学科研究和教育（项目，NSF）［Integrated NSF Support Promoting Interdisciplinary Research and Education（program，NSF）］
IPCC	政府间气候变化专门委员会（Intergovernmental Panel on Climate Change）
ISSC	国际社会科学理事会（International Social Science Council）
LGBT	女同性恋者、男同性恋者、双性恋者和变性者（lesbian，gay，bisexual，and transgender）
NASA	国家航空航天局（National Aeronautics and Space Administration）
NCGIA	国家地理信息与分析中心（National Center for Geographic Information and Analysis）
NIH	国立卫生研究院（National Institutes of Health）

NOAA	国家海洋和大气管理局（National Oceanic and Atmospheric Administration）	
NRC	国家研究委员会（National Research Council）	
NSB	国家科学委员会（National Science Board）	
NSF	国家科学基金会（National Science Foundation）	
PCAST	总统科学和技术顾问委员会（President's Council of Advisors on Science and Technology）	
PI	研究者（学术带头人）（principal investigator）	
R&D	研发（research and development）	
RAPID	快速反应研究（项目，NSF）［Rapid Response Research（program，NSF）］	
RET	教师研究经验（项目，NSF）［Research Experiences for Teachers（program，NSF）］	
REU	本科生研究经验（项目，NSF）［Research Experiences for Undergraduates（program，NSF）］	
SBIR	小企业创新研究（项目）［Small Business Innovation Research（program）］	
STEM	科学、技术、工程和数学（science，technology，engineering，and mathematics）	
TIGER	拓扑集成地理编码和参考（Topologically Integrated Geographic Encoding and Referencing）	
UC	加州大学（University of California）	
UK	英国（United Kingdom）	
UN	联合国（United Nations）	
UNEP	联合国环境规划署（United Nations Environment Programme）	
UNESCO	联合国教科文组织（United Nations Educational，	

	Scientific and Cultural Organization)
U. S.	美国（United States）
USGCRP	美国全球变化研究计划（U. S. Global Change Research Program）
USGS	美国地质调查局（U. S. Geological Survey）
WMO	世界气象组织（World Meteorological Organization）

附录 B：贡献者

向委员会提供资料和咨询意见的人员如下：
汤姆·贝尔瓦尔德（Tom Baerwald），美国国家科学基金会
凯伦·贝利（Keiron Bailey），亚利桑那大学
辛迪·布鲁尔（Cindy Brewer），宾夕法尼亚州立大学
基思·克拉克（Keith Clarke），加州大学圣巴巴拉分校
露丝·德弗里斯（Ruth DeFries），哥伦比亚大学
杰夫·多齐尔（Jeff Dozier），加州大学圣巴巴拉分校
埃勒·埃利斯（Erle Ellis），马里兰州立大学，巴尔的摩县
欧文·费勒（Irwin Feller），宾夕法尼亚州立大学
爱德华·哈克特（Edward Hackett），亚利桑那州立大学
苏珊·汉森（Susan Hanson），克拉克大学
杰夫·赫内布里（Geoff Henebry），南达科他州立大学
巴维亚·拉尔（Bhavya Lal），美国国防分析研究所
塞缪尔·拉米（Samuel Lammie），美国农业部林业局
罗宾·莱琴科（Robin Leichenko），罗格斯大学
丹尼斯·莱滕迈尔（Dennis Lettenmaier），华盛顿大学
戴安娜·利弗曼（Diana Liveman），亚利桑那大学
萨利·马斯顿（Sallie Marston），亚利桑那大学
马克·蒙莫尼尔（Mark Monmonier），锡拉库扎大学
劳拉·普利多（Laura Pulido），南加州大学
詹姆斯·兰德森（James Randerson），加州大学欧文分校

道格拉斯·理查森（Douglas Richardson），美国地理学家协会
古斯塔沃·罗德里格斯（Gustavo Rodriguez），墨西哥格雷罗州自治大学
洛林·罗尔斯顿（Lorraine Rolston），亨特学院
大卫·西格尔（David Siegel），加州大学圣巴巴拉分校
伯纳德·索思（Bernard South），顾问
王少文（Shaowen Wang），伊利诺伊大学香槟分校
迈克尔·瓦茨（Michael Watts），加州大学伯克利分校
丹尼斯·怀特（Denis White），俄勒冈州立大学
格雷格·怀特（Greg White），（没给出单位）
唐·赖特（Dawn Wright），环境系统研究所
杰西·尤（Jesse Yow），劳伦斯·利弗莫国家实验室
袁枚（May Yuan），得克萨斯大学达拉斯分校

（人员和单位信息截至 2015 年）

附录 C：研讨会议程

第一天：开放专题（欢迎光临）
8月5日（星期二）：亨廷顿厅

- 8：00 a.m.　早餐
- 8：30 a.m.　欢迎和介绍

    迈克尔·古德柴尔德，主席，加州大学圣巴巴拉分校

    艾米·格拉斯迈尔，麻省理工学院

    格伦·麦克唐纳，加州大学洛杉矶分校

    马克·兰格，美国国家研究委员会

- 9：00 a.m.　主题演讲 1

    苏珊·汉森，克拉克大学

- 9：45 a.m.　主题演讲 2

    格伦·麦克唐纳，加州大学洛杉矶分校

- 10：30 a.m.　计划、期望与合影

    迈克尔·古德柴尔德，加州大学圣巴巴拉分校

- 11：00 a.m.　15 分钟休息
- 11：15 a.m.　第 1 小组：社会、政治和经济

    罗宾·莱琴科，罗格斯大学

      戴安娜·利弗曼，亚利桑那大学

      萨利·马斯顿，亚利桑那大学

      劳拉·普利多，南加州大学

      迈克尔·瓦茨，加州大学伯克利分校

      艾米·格拉斯迈尔，主持人

12：45 p.m. **午餐**

1：45 p.m. **第 2 小组：方法、模型和地理信息系统**

      辛迪·布鲁尔，宾夕法尼亚州立大学

      马克·蒙莫尼尔，锡拉库扎大学

      王少文，伊利诺伊大学香槟分校

      袁枚，得克萨斯大学达拉斯分校

      迈克尔·古德柴尔德，主持人

3：15 p.m. **15 分钟休息**

3：30 p.m. **第 3 小组：环境科学**

      露丝·德弗里斯，哥伦比亚大学

      杰夫·多齐尔，加州大学圣巴巴拉分校

      丹尼斯·莱滕迈尔，华盛顿大学

      詹姆斯·兰德森，加州大学欧文分校

      唐·赖特，环境系统研究所

      格伦·麦克唐纳，主持人

5：00 p.m. **新兴主题的讨论**

      迈克尔·古德柴尔德、艾米·格拉斯迈尔、格伦·麦克唐纳

5：30p.m.　　　餐厅外接待处的登记活动

6：00 p.m.　　　贝克曼中心餐厅享用晚餐

晚餐发言人：

欧文·费勒，宾夕法尼亚州立大学

第二天：开放专题（欢迎光临）
8月6日（星期三）：亨廷顿厅

8：00 a.m.　　　早餐

8：30 a.m.　　　欢迎和介绍

迈克尔·古德柴尔德、艾米·格拉斯迈尔、格伦·麦克唐纳

9：00 a.m.　　　第4小组：进行中的变革性

欧文·费勒，宾夕法尼亚州立大学

爱德华·哈克特，亚利桑那州立大学

苏珊·汉森，克拉克大学

巴维亚·拉尔，美国国防分析研究所

道格拉斯·理查森，美国地理学家协会

艾米·格拉斯迈尔，主持人

10：30 a.m.　　15分钟休息

10：45 a.m.　　综合会议

迈克尔·古德柴尔德，主席

12：45 p.m.　　会议和午餐

与会者合影（加利福尼亚州欧文市，2014年8月5～6日）

注：后排从左到右依次为：辛迪·布鲁尔、道格拉斯·理查森、迈克尔·古德柴尔德、王少文、马克·兰格。

前排从左到右依次为：马克·蒙莫尼尔、詹姆斯·兰德森、露丝·德弗里斯、欧文·费勒、杰西·尤、袁枚、唐·赖特、爱德华·哈克特、戴安娜·利弗曼、汤姆·贝尔瓦尔德、迈克尔·瓦茨、杰夫·多齐尔、劳拉·普利多、萨利·马斯顿、苏珊·汉森、尼古拉斯·罗杰斯、格伦·麦克唐纳、埃里克·埃德金、艾米·格拉斯迈尔。

未在合影中的与会者：巴维亚·拉尔、罗宾·莱琴科、丹尼斯·莱滕迈尔。

附录 D：在线调查问卷

以下调查问卷由委员会编制和使用，用于收集关键个人和组织的信息。

在线调查问卷：地理科学的变革性研究

这是什么：国家研究委员会正在进行一项研究，以审查变革性研究如何影响了地理学的演变，并为变革性研究在过去是如何演变的提供见解，以便在未来能够得到鼓励。

委员会正在向地理和相关学科领域的专家寻求想法与例子，并希望您愿意对下面的一组问题做出简短的答复。您的评论将为国家学术出版社于 2015 年发表的一份报告提供信息。

为什么要完成：变革性概念通过重新定位现有领域、创建新的领域或提供新的理论或技术框架，带来了重大的进步。例如，在地理方面，人类环境传统在 20 世纪 50 年代描述了人类在改变地球方面的作用，随后在 20 世纪 60 年代发生了"数量革命"，给这个学科带来了广泛的统计方法，后来又出现了一系列的批评方法，比如 20 世纪 70 年代的政治经济和女权主义。变革性方法包括开发重建过去环境的古环境技术，应用遥感跟踪土地使用和覆盖，以及出现地理信息系统来整合与分析 20 世纪 80 年代范围广泛的空间数据。最近，新基因技术的出现改变了生物地理学家查询生物系统的方式。变革也可能是由社会的迫切需要推动的，包括危害和气候变化的风险、社会贫困和不平等的条件以及全球化的挑战。科学史表明，许多变革性概念在最初引入或被判定可疑时难以确定。有些概念由于时间安排不当或缺乏经验验证而失败；相互竞争的叙事压倒了他人，而还有一些人由于强大而充满活力的追随者社区而被保留下来。一个有助于确定潜在变革性研究的框架将推进国家研究议程，并为研究人员和供资机构提供宝贵的指导。

调查问卷：为了帮助委员会更好地理解先验识别变革性研究的多方面问题，请尽可能多地回答以下五个问题。

（1）过去 20 年来，地理科学最重要的转变是什么？

（2）过去在你感兴趣的领域进行的变革性研究是如何出现的，是否有早期迹象表明它将是变革性的？

（3）过去的研究是否应该具有变革性（据你估计），但事后却不是？

（4）如何促进地理科学方面的变革性研究？

（5）据你估计，未来 20 年最重要的新的变革性研究举措可能是什么？

在 2014 年 8 月 5 日之前收到的评论意见将在委员会下次会议上提供，并将继续收到评论意见，直至 2014 年 10 月 27 日，供委员会最后一次会议审议。这项研究是由美国国家科学基金会赞助的。请注意，提交给委员会的任何书面意见（无论是通过邮件、电子邮件、传真还是此评论表格）都将包含在研究报告的公众访问档案中。

附录 E：委员会和工作人员简历[①]

委员会成员

迈克尔·古德柴尔德博士（委员会主席兼国家科学院成员）是加州大学圣巴巴拉分校（UCSB）地理荣誉教授，拥有研究教授的头衔。他还在华盛顿大学地理系担任附属任命（affiliate appointment）。在 2012 年 6 月退休之前，他是"Jack and Laura Dangermond"地理教授、加州大学圣巴巴拉分校空间研究中心主任。1965 年，他获得剑桥大学物理学学士学位，1969 年获得麦克马斯特大学地理学博士学位，并获得四个荣誉博士学位。古德柴尔德博士于 2002 年当选国家科学院院士和加拿大皇家学会外国成员，2006 年当选美国艺术和科学院成员、英国皇家学会外国成员、2010 年英国科学院院士；2007 年，他获得了 Prix Vautrin Lud 奖。1987～1990 年，担任《地理分析》(Geographical Analysis) 编辑，2000～2006 年担任《美国地理学家协会会刊》"方法、模型和地理信息科学"栏目编辑。此外，还在其他 10 种期刊和书籍系列的编辑委员会任职，并出版/发表了 15 本书和 500 多篇文章。1997～1999 年，他担任国家研究委员会测绘科学委员会主席，2008～2010 年担任美国国家科学基金会社会、行为和经济科学咨询委员会主席。他的研究兴趣集中在地理信息科学、空间分析和地理数据的不确定性上。

[①] 委员会简历截至 2015 年，工作人员简历截至 2019 年。

艾米·格拉斯迈尔博士拥有加州大学伯克利分校的城市和区域规划专业硕士学位及博士学位。2009年春，她成为麻省理工学院（MIT）城市研究和规划系主任，同时担任经济地理学和区域规划教授。她有两本关于发展和扩大技术产业政策的书。她的著作《制造时间：世界钟表业的全球竞争（1750～2000）》为了解不同工业组织模式和各种资本主义如何产生不同程度的国家工业化体系的竞争成功程度，提供了相当多的视角。格拉斯迈尔博士继续研究与组织学习、区域竞争力和技术开发有关的课题。她还是收入不平等和区域发展问题专家，其2005年的著作《美国的贫困地图集：一个国家的撕裂（1960～2003）》考察了自20世纪60年代以来贫穷人口和地方的经历。她还撰写了关于伊拉克和阿富汗受伤士兵空间位置的系列论文。具体而言，格拉斯迈尔博士获得的数据使她能够绘制保健服务点位置和士兵记录之家的地图。她的分析方向包括空间分析、社会科学研究方法和政策分析。她是麻省理工学院能源倡议的成员，也是麻省理工学院能源研究本科生的联合主任。她在能源方面的工作包括对部门、区域和技术的研究。格拉斯迈尔博士就能源政策向地方、州和联邦官员提供了建议。她目前正在从事美国、中国、俄罗斯的能源系统和政策比较研究。

格伦·麦克唐纳博士是加州大学洛杉矶分校（UCLA）的"John Muir"地理教授，并获得生态学和进化生物学方面的联合任命。他也是环境与可持续发展研究所所长。此前，他曾在麦克马斯特大学和剑桥大学克莱尔厅任职。麦克唐纳博士研究的重点是长期的气候和环境变化及其对植物、动物与人类的影响。他使用各种档案重建过去的气候和环境，包括化石花粉、植物大型化石、树轮、化石昆虫、元素地球化学、稳定同位素、种群遗传学以及历史文献、艺术品和地图。麦克唐纳博士发表了140多篇同行评审的期刊文章，许多书籍章节、报告和其他著作，以及一篇关于生物地理学（"生物地理学：时间、空间和生命"）的获奖文章。他当选为美国科学促进协会（AAAS）的研究员，并获得了麦克马斯特大学卓越教学奖和加州大学洛杉矶分校杰出教学奖。麦克唐纳博士曾担任美国科学促进协会地质和地理科学分部主席、美国国家科学基金会古环境北极科学（PARCS）项目共同主席、美国地理学家协会生物地理学专业小组主席、国际北方森林研究协会国际协调员（全球变化），以及《美国地理学家协会会刊》、《地理指南》（*Geography Compass*）、《生物地理》（*Journal of Biogeography*）、《物理地理》（*Physical Geography*）等的副主编或编辑委员会成员。他以最高荣誉和优异成绩获得加州大学伯克利分校地理学学士学位、卡尔加里大学地理学硕士学位和多伦多大学植物学博士学位。

美国国家科学院、工程院和医学院人员

伊丽莎白·艾德博士是国家科学院地球科学和资源委员会以及水科学和技术委员会的高级董事会主任。委员会监督一系列活动，包括地理空间、地理和制图科学，能源和矿产资源，自然灾害，深层地表过程，地质和岩土工程，以及与自然环境和建筑环境中的水资源有关的所有主题。在2005年加入国家科学院担任高级项目官员之前，她曾在位于特隆赫姆的挪威地质调查局担任研究地质学家、组长和地质年代学实验室经理长达12年。她获得了挪威富布赖特奖学金，并当选为挪威皇家科学和文学学会成员。她在斯坦福大学获得地质学博士学位，并获得富兰克林和马歇尔学院地质学学士学位。

马克·兰格博士（研究主任，截至2015年）是国家科学院的一名项目官员，曾任地理科学委员会负责人。兰格博士是一位地貌学家，对河流和沿海过程、地理信息系统和科学政策具有研究兴趣。他指导了国家科学院关于土地变化科学、地理空间技术以及地球和地理科学国家重点研究。他的研究受国家科学基金会、美国国家航空和航天局、美国地质调查局、美国人口调查局、美国林业局和美国国务院资助。他曾是泰勒环境研究员、功绩研究员和国会研究员，作为美国国会议员，管理联邦环境和自然资源政策。兰格博士是 Phi Kappa Phi 学术荣誉协会、美国地理学家协会、美国地球物理联盟和国际地理联盟沿海系统委员会成员以及德国科隆第 32 届国际地理大会的美国代表。他获得了来自美国地理学家协会地貌专业小组的 Reds Wolman 奖。他拥有南加州大学地理信息科学研究生证书和地理博士学位。

尼古拉斯·罗杰斯是国家科学院地球科学和资源委员会、化学科学和技术委员会的财务助理。他还支持环境卫生事项倡议。2004 年，获得西康涅狄格州立大学历史（荣誉）学士学位，研究重点是科学史和早期美国历史。2006 年开始在国家科学院地球科学和资源委员会工作，并于 2018 年进入化学科学和技术委员会工作。

埃里克·埃德金是国家科学院地球科学和资源委员会的项目协调员，负责协调委员会、会议以及各种其他宣传和摘要相关产品的后勤与行政。埃德金从 2009 年起进入国家科学院工作，曾为地球科学、水科学、抗灾能力和通信领域的项目做出过贡献。埃德金在潘福斯特职业学校（Penn Foster Career School）获得桌面出版和计算机图形方面的职业文凭。

图书在版编目(CIP)数据

促进地理科学的变革性研究/美国国家科学院、工程院和医学院等著；程昌秀，高培超，宋长青译. —北京：商务印书馆，2021
ISBN 978-7-100-19817-2

Ⅰ.①促⋯ Ⅱ①美⋯ ②程⋯ ③高⋯ ④宋⋯ Ⅲ.①地理学—研究 Ⅳ.①K90

中国版本图书馆 CIP 数据核字(2021)第 078079 号

权利保留，侵权必究。

促进地理科学的变革性研究

美国国家科学院、工程院和医学院 等 著
程昌秀 高培超 宋长青 译
宋长青 校

商 务 印 书 馆 出 版
(北京王府井大街36号 邮政编码100710)
商 务 印 书 馆 发 行
北京艺辉伊航图文有限公司印刷
ISBN 978-7-100-19817-2

2021年10月第1版　　开本710×1000　1/16
2021年10月北京第1次印刷　印张 8½
定价：78.00元